紙の本をつくる

虹色社代表　山口和男

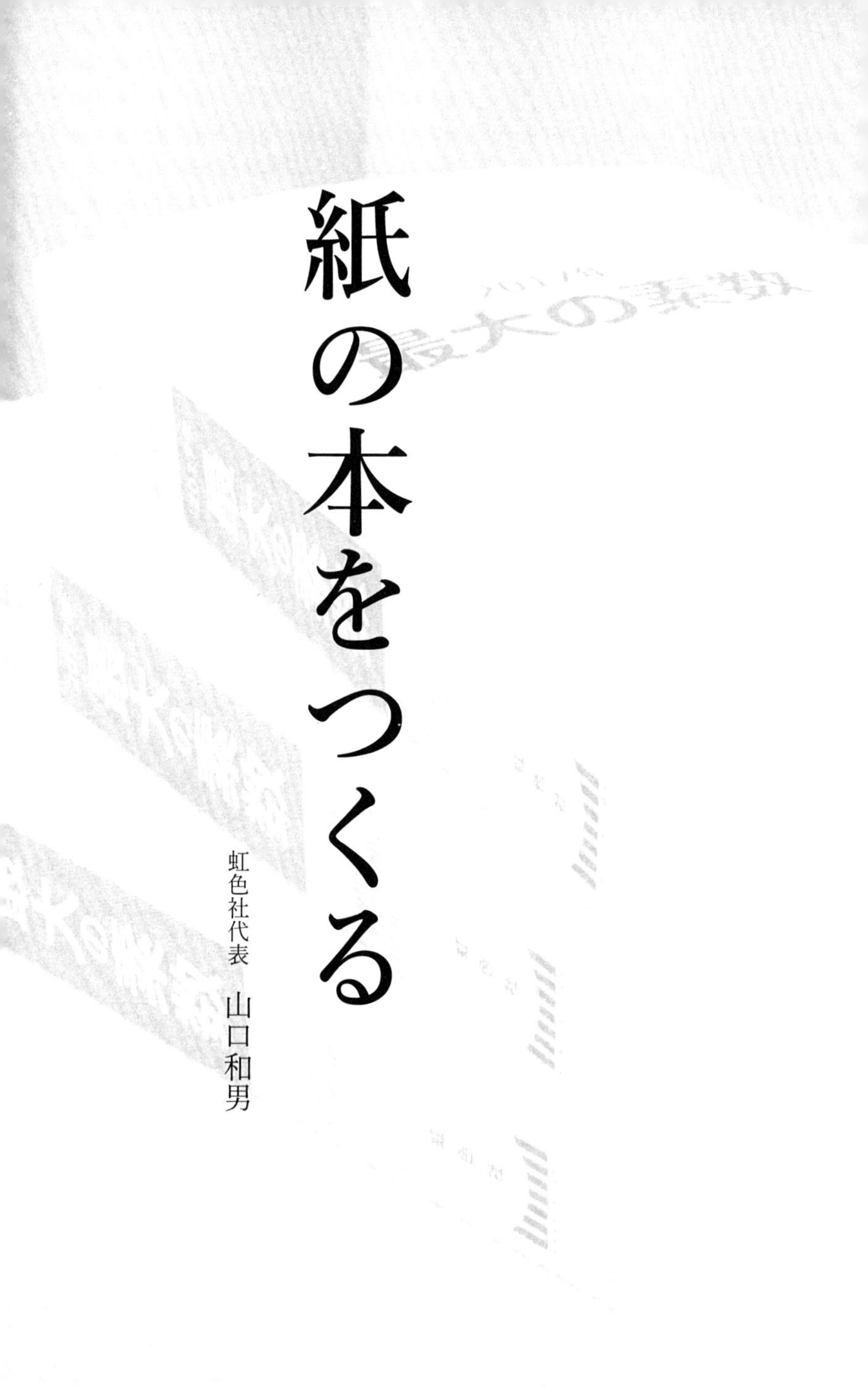

もくじ

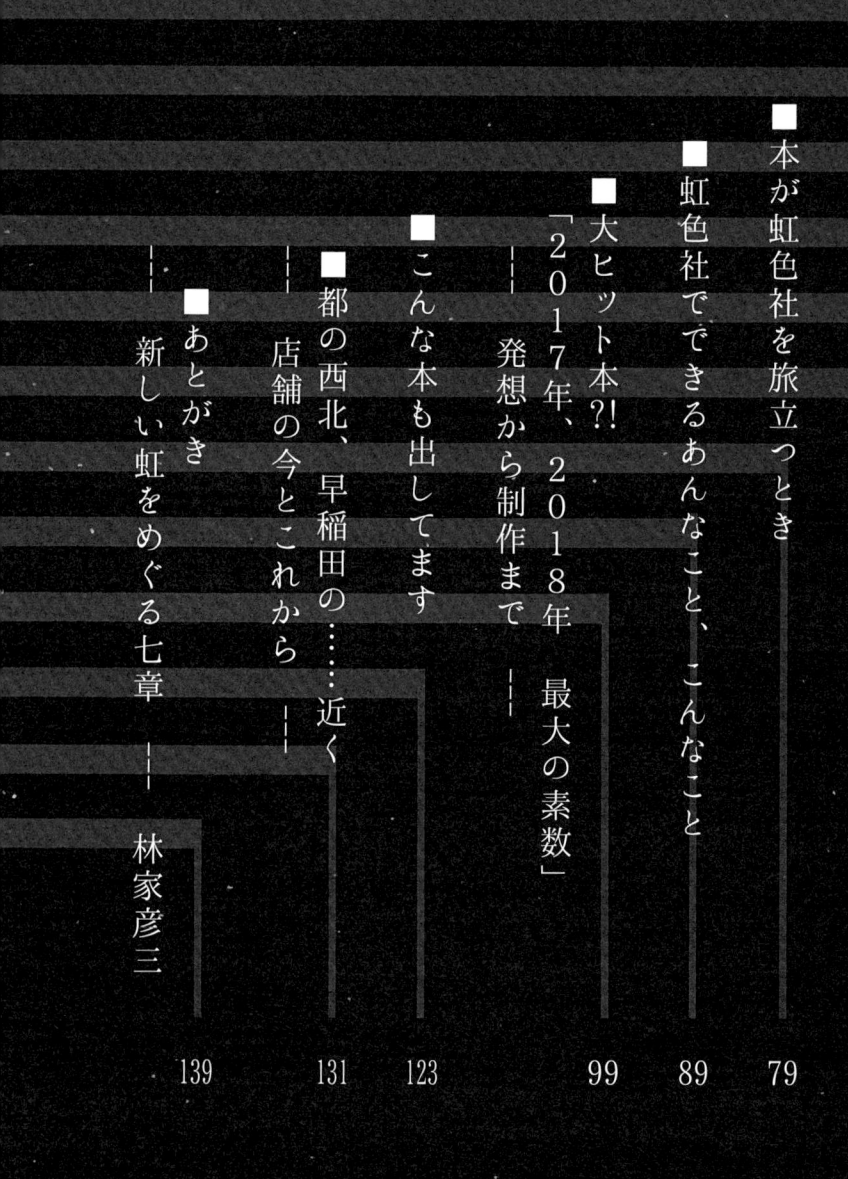

イントロダクション

弊社「虹色社《なないろしゃ》」が、早稲田大学南門からほど近い場所に「出版社」として の看板を掲げてオープンしたのは、二〇一六年の七月七日でした。五年前のその日のことは、なんだか忘れられません。私の「酔狂」が形となって実現しはじめた、思い出深い日なのです。

私が出版に関わったきっかけは、数十年前に小さな印刷屋のお手伝いをしたことでした。

某大手通信会社勤務で、芯から技術屋だった昭和一桁年代生まれの父親の影響もあり、技術屋気質を受け継いだ私は、当時黎明期のパソコンをいじって遊んでいたのです。(しかし、なぜか大学は芸術系という妙な経歴!)ちょうどあらゆる業界に徐々にパソコンが浸透しはじめる時期で、印刷業界にもその波は来ていました。ろくに仕事をしていなかった私は、PC知識のおかげで印刷屋に拾われたというわけです。

それからは、電子タイプライター、電算写植、電子組版、電子製版さらには、当時最先端の印刷技術と、印刷を取り巻く時代の流れを見てきました。

ときを経て、出版業界に電子出版をはじめとした電子情報処理の波が押し寄せようとしていました。私は中年に差し掛かる年齢になっていましたが、たまたま出会った方の紹介で、本格的に出版業界へと身を置くことになったのです。

本がもともと好きで、制作技術を知っていたので非常に興味深く、本づくりを楽しんでいました。

皆さんは「軽印刷」という業界をご存じでしょうか？　自虐的な表現で、最近ではあまり使われている言葉ではありませんが、大手の大量製造の印刷技術とは一味違う「まちの印刷屋さん」を代表とする、個別注文、少部数のハガキや名刺などを製造する業界の総称です。

使われている機械は、個別注文に特化したある種特殊なもので、専門的でありながらも小型な代物が主流となっています。

業態上、「省スペース・省人員・汎用性」等が要求される現場なので、これらの技術を使えば、まちの印刷屋規模で本の全ての制作が可能と感じていました。

「本の制作に関わる全ての工程を、ある程度の量産を伴って自分自身の手の内で行う」

やがてこんなことを考えはじめたのです。思いついたらやりたいというのが人情で、徐々に夢中になっていきました。

ランニングコストやイニシャルコストの問題が大きく立ちはだかりましたが、時代とともにランニングコストは大幅に下がり、残る課題は、イニシャルコスト。つまり資本です。

ありがたいことに資金面の協力者が現れ、独自スタイルの出版社として虹色社は始動しました。今日に至るまで、さまざまな方にご支援いただき、事業を継続できております。感謝の念に堪えません。

弊社は虹色社と書いて「なないろしゃ」と読みます。この社名は、お台場を歩いているときに思いつきました。

近代的な景色と、燦燦と降り注ぐ陽光のコントラストが言いようもないほど美しかったある日のことです。時間とともに変わる光のさま。変化しながらも輝き続ける様子が非常に感動的でした。

その光景は頭から離れず、光の色とともに連想する「虹」に対して、多色の象徴ともいえる「なないろ」という言葉が読みとして成立すると知り、「虹色社《なないろしゃ》」と名付けた次第です。

近年では、虹色社の業態が江戸の本の生業に似ていることに気付き、いっそ本に関わる全てに取り組んでみたらと考え、第一弾として古本販売を開始しました。

まだまだ発展途上の虹色社ですが、今後の変化が非常に楽しみです。私の酔狂はどのように形を変えていくのやら……。

本書は、虹色社の独特な方法論に基づいた「出版ノウハウご紹介本」です。また、本書制作の全工程は社内で行っておりますので、製品見本として端々までどうぞご覧ください。

この本によって、読者の方々が出版をより身近に感じられるようになること、そしてそれが生活の一助となることを、心から願っております。

虹色社代表　山口和男

本は魔物 ―― 紙の本の重み ――

美大入試時に見せてもらった、某国立大学生の彫刻作品が印象に残っています。

確か授業の課題作品で、「風」をテーマにしたものでした。

読みかけの開かれた本がテーブルの上に置かれ、風が吹いた瞬間に「ひらっ」とページが繰られるところを捉えていて、表現力も確かなものでしたが、風を本で表現するその発想にまず驚かされました。本は物体であり、当然ながら目に見えるし手に取れるものです。周囲の環境に反応して形を変えるものでもあります。実にロマンチックな存在といえるでしょう。

本の定義としては、「一定の大きさに切った紙……紙葉《しよう》を積み重ねて、片側または一部を糊や紐等で留め、表紙を付けたもの」という、構造としては非常に簡単な代物です。

紙面には文字はもとより、画像としての写真や絵、さまざまな記号、文様が記載されます。さらに音符を用いて音楽の記録も可能です。

本は、パソコンソフトや音楽CDのように情報を見るまたは聞くための「機器」が一切不要であり、明かりさえあれば読み取ることができる存在でもあります。いわば、「エネルギーレス再生機能付き情報貯蔵庫」です。

昨今の情報処理においては、進化していく「機器」のために、情報自体も変化させなければならず、結果的に過去の情報の再現が年々難しくなるという不思議な問題が発生しています。

一見懐古的ともいえる紙の本が、この問題をあっさりと解決していることとは注目に値するでしょう。

古代において、本は「権力の象徴」でもありました。印刷技術がなかった時代の本は、全て人力である「写本」によって製造されており、薄く大量の紙面をつくるために、さまざまな工夫がなされています。

動物の皮や木や竹の板切れにはじまり、植物の繊維を使用した「紙」は、やはり貴重品であり、非常に高価なものでした。また、記載された情報は知識の集積であり、これも非常に貴重だったのです。本の分量自体が権力を表していた時代も長く続きました。

印刷技術の発展に伴い庶民的なものへと変貌し、現在では権力的な側面はなくなっていますが、本を世の中に送り出すことで名声を得るという要素は、今でもあるように感じます。

また、現代において、本は文化財としての位置付けであり、国家によって管理されています。

「本」を出版すると、国家がその保存を義務としているわけです。

この身が滅びても、つくられた本は国が存続する限り、残り続けることが保証されています。出版に関わる人たちは、半永久的に残存する「遺産」づくりの共同作業者ともいえるでしょう。なんだかわくわくしますし、少し怖いような気もします。

機能、存在、その影響力。現代においても「本」はさまざまな特長を有するとともに、「魔力」ともいうべきものを内包しているように感じられて仕方ありません。

個人的に関心のある本を取り上げるならば、一部で有名な『ヴォイニッチ手稿』は、たまらない吸引力があります。未だ全てが謎なのです。誰が何のためにつくったのでしょう。わくわくしてしまいます。

ここで悪書は挙げたくないところですが、異質な存在感を放っているのがルイセンコの『農業生物学』。この本の影響でどれほどの人間が苦しんだか……興味のある方は調べてみてください。一見して学術書でありながら、内容とその論証は、独善的かつご都合主義であり、書き手の思想がそのまま反映されていたということが後年に明らかになっています。食物の生産という生に直結する知識を、間違った形で伝えた「迷書」として名を馳せているのです。近代の書としては珍しい存在といえます。

ある意味で、非常に恐ろしい本です。

私が昔学んだ「絵画」も多大な影響を人に与えますが、「本」はその具体性も相まって、直接的に響きます。さらに本は通常、出版までの道程が長く、複数の人々が力を結集させてはじめて成り立ちます。それゆえ絵画とは異なるフィルターがかかっていることが多いのです。

不自由といえば不自由な媒体でしょう。しかし、熟成されているとみなすこともでき、より純度が高い「情報の宝庫」と呼ぶにふさわしい。それが本なのです。

良い意味でも、不幸にも悪い意味でも、世の中を変える力が「本」には存在します。しかも、文化財とされた本たちは作者や関わった人々の手を離れ、時代や地域までも越え、影響を及ぼし続けるのです。

予測できない、本のこうした影響力もまた「魔物」のようです。本をつくる立場としては日頃から心しておかなければ、と感じています。

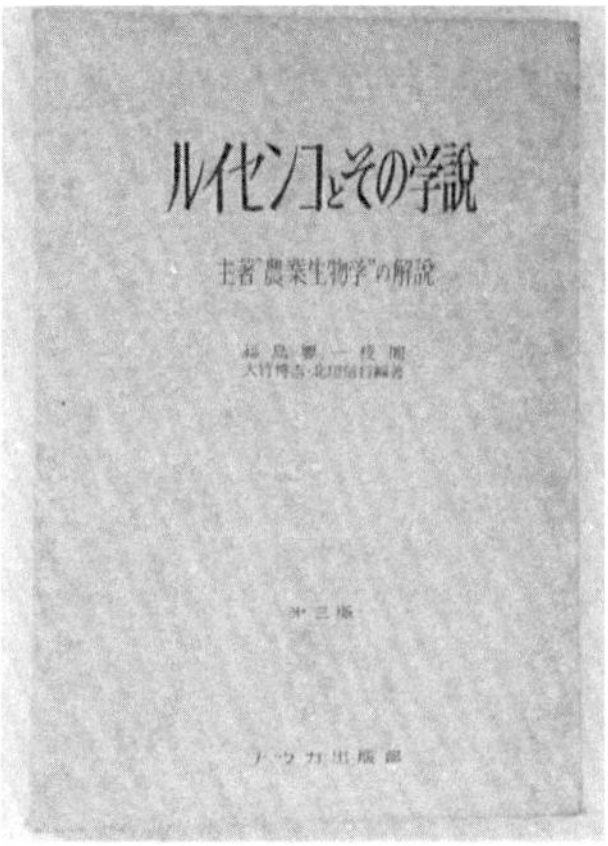

多くの人々に影響を与えてしまった「農業生物学」の反省を込めて、後年日本で出版された「ルイセンコとその学説」

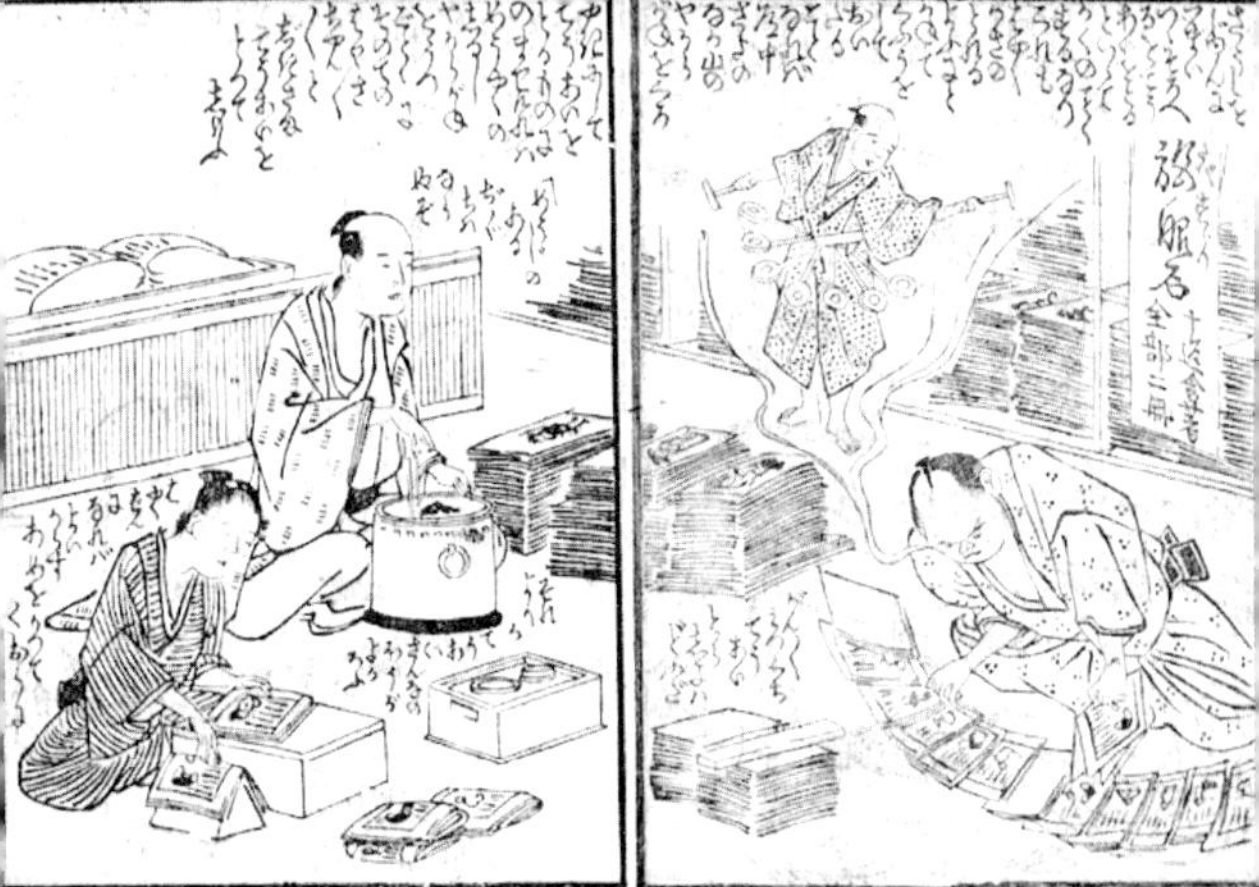
全部二冊

本のつくり方今昔 ―― 印刷技術 ――

小学校の社会科見学で見た、毎日新聞本社の「バカでかい印刷機」を今でも覚えています。

あれは、鋳造版輪転機だったのでしょう。実際には動いてはいなかったのですが、とにかく巨大な機械でした。

当時の新聞記事の版は、木の箱の中に金属の活字をぎっしり組んでいたので、大変重いものだったのです。記者は、自分の記事に使った版を各々で管理していたそうで、今では全く考えられません。

印刷用の版は、かまぼこ型に湾曲した鉛の板で、ベルトコンベアのようなものに載せられて動いていました。この版を大きな金属の円筒に順次はめ込んだ後に、インクを付けてぶん回します。これを紙に刷りとって、印刷直後に切って折って新聞が完成する流れです。

さて、本題の「本のつくり方」です。本の制作は当初写本によって行われていましたが、これはもちろん人力で、目で見て書き写すというわかりやすい方法です。ただし、写し間違いや写し手の勝手な修正などが随所に加えられた可能性もあり、正確な「資料」としての現代的な本は、近代工業の上に成り立っているといいます。

皆さんご存じのグーテンベルグ氏が、初期の印刷技術を開発して「聖書」を印刷したのは15世紀のことでした。この方法は、前述の新聞のつくり方と基本的には同じで「活版印刷」です。西洋的な印刷技術は、地域的に比較的容易に手に入る、銅や鉛の金属の版による技術がその後も発達していきます。

文字一つ一つを小さなハンコである「活字」としてつくっておき、これを並べてインクを付けて、ぺったんと押していく……という方法です。英語は文字の種類が少ないため、このやり方は非常に有効ということで、発展していきました。

金属を使うリスクもはらんではいましたが、それは後述します。

グーテンベルグの活版印刷技術は、日本にも入ってきましたが、大きな障害がありました。というのも、印刷したものが「聖書」だったために、その制作技術である金属活版印刷法は、キリシタン禁止令でご法度になってしまったのです。さらに、日本では鉱物資源である銅や鉛といった金属が豊富にあるわけでもなく、ほぼ使われない技術となってしまいました。

そこで日本では独自の印刷技術が広がっていきます。活版印刷が日本で見直されたのは、19世紀ですから、それまでの約四〇〇年間はオリジナルの技術が進化していったのです。

よく浮世絵の説明で、絵師・彫師・摺師が制作しているという話を聞いたことはないでしょうか？　日本独自の本の制作法も、工程は全く同じで、先述の3人の匠によってつくられました。活字を並べるぺったん方式とは全然違います。一見してものすごい手間がかかりますが、これをそれぞれの専門家による「匠の技」で埋めていったわけです。力技ですね。

桜材の木版

都合の良いことに、日本には木材が豊富にありました。金属のハンコに比べるとかなり軽くて持ち運びが便利ですし、加工も容易でした。

浮世絵の版の材料は主に「桜」の木です。硬く、きめ細かく、すぐ育つという特徴があり、まさにうってつけだったのです。よく知られている木版は薄いベニヤ板でつくりますが、日本における印刷用の桜板の版は厚みが数センチに及び、見た目はまるで「まな板」。絵師が原画を描き、それを彫師が、桜板の版に貼り付けて、彫っていきます。彫る工程で原画は失われ、出来上がった版で摺師が印刷。繰り返し刷っていると、木製の版は硬い桜材といえども徐々に減っていきます。限界まで減ったところで、彫師に返され、彫師は駄目になった版の表面だけをカンナで削って、絵師からもらった原画を貼り付け……以下繰り返しとなります。

話は変わりますが、昔の西洋の本は、やや地味な印象を受けないでしょうか？　一方、浮世絵をはじめとした日本の昔の書物などは、派手なイメージがありませんか？

西洋人が版画である浮世絵に衝撃を受けた理由の一つとして、極彩色で非常に色が美しいと感じたことが知られています。

実は、西洋風の金属板での印刷、特に銅や鉛を使用した金属板印刷では、派手な色彩の印刷が非常に困難なのです。色のほとんどは、鉱物質の化学薬品。これらが、版の材料の金属と化学反応を起こしてしまい、色としては黒ずむ傾向になってしまうのです。実際銅版印刷で印刷しようとしても、色がうまく出ません。派手にならないのです。先述の「金属を使うことによるリスク」というのはここにあります。

一方、日本の印刷は版が木材です。化学変化は起きません。結果として派手な色が自由に表現できたというわけです。

先人はさまざまな苦労を繰り返し、日本でも活版印刷が一時期非常に流行しました。一方西洋では、版の材料を金属から石へと代用する方法も生み出され、それぞれの欠点を克服していったのです。

現在では、金属平版によるフルカラー印刷技術は、その頂点まで到達している感があります。あまり知られていないようですが、日本は版画技術において世界一といわれています。印刷に関しても、「印刷できないものはない」と豪語する企業まで出現し、既に本を飛び越えてしまいました。

新聞も本も今やデジタル時代ですが、紙への印刷方法は現在も発展し続けています。

本の要素として、「製本技術」は外せないところですね。手工芸的な製本手法がもちろん基本です。糸を使ったもの、紐で留めたもの、動物の皮を使用して豪華な製本を行うもの。さらに古く貴重な本を再製本する技術に至っては、「国家資格」として存在するほど高度なものです。

工業製本も日々進化しています。大量に高速で製本する技術のスタートは、「ホットメルト糊」の開発がきっかけといえるでしょう。

ホットメルト糊

それまでの糊は、乾かす（乾燥）または化学変化するのを待って、硬化させるものしかありませんでした。当然この工程には時間を要しますので、製本イコール時間がかかるわけです。これを解決すべくさまざまな人々の努力により「ホットメルト糊」が出現しました。正体は熱に溶ける樹脂です。冷えるにしたがって固まり、塗布から硬化までの時間が非常に短いのが特徴で、固まった後も柔軟性に富み、製本用として現在も重宝され続けています。ホットメルト糊によって、かなりの厚みがありなおかつ丈夫な本が大量生産可能となったわけです。

役割は変化してきましたが、絵師と呼ばれた職業集団は、デザイナー業界へ、彫師は製版業界へ、摺師は印刷業界へとそれぞれ姿を変えていきました。加えて製本業界も絡んで日本では高度に分業化が進んだと推察されます。

低価格大量生産を効率的に運用するためのシステムが、ここに誕生したというわけです。しかし、まだまだ進化はこんなものではないはず。未来の印刷製本技術が気になって仕方がありません。

火の用心

本の流通今昔

以前お世話になった、某出版社の倉庫。真夏の猛暑の中、社員総出での倉庫整理が恒例でした。

数十年前に印刷したもの、それも一つの書籍につき数十冊から数百冊にも及ぶ本の山。ところどころ落盤？　しかけることもあり壮観……というより、身の危険を感じるレベルでした。

製造方法の発達により、一種類の本が一度に数百冊、ときに数千冊製造されます。売り切るまでの間、倉庫にうず高く本が積まれるのです。現在の出版社と「倉庫」は切っても切れない間柄といえるでしょう。

日本国内では現在、一般的商品の仲買（卸業者）に当たる「取次店」が、出版社からある程度の数量の本を引き受けて、全国の本屋さんに配本する流通経路が主流です。生鮮食品と違って、売れ残った本は本屋さんから取次店へと返品され、さらに出版社へと返されます。返品された本は在庫本とあわせて、出版社の倉庫で眠ることに……。一定期間後、通常は廃棄されます。（残念ですが）

一般的な単行本の場合は取次店の引受期間、つまり「本屋さんが店内に展示しておいてくれる日数」が設定されていて、これは「六ヶ月間」が原則。流行り物の本は半年もあれば動向がはっきりしますが、例えば学術書のようなものは、引受期間後も売れ続ける可能性が十分にあるため、出版社は倉庫で長期間本を保存して注文に対応します。

そういうわけで、前述のものすごい倉庫の風景が形成されるのです。最近では長期在庫の本を、バーゲンブックとして取次店が取り扱う場合もありますが、まだまだ一般的ではない気がします。

買われていった本は、一部はそのまま家の本棚に眠ることになり（「積ん読」になる？）、図書館の書庫を彩る場合もあり、古本として、あるいは古紙として、これまた別路線で流通されます。

大量安価な印刷本が流通する以前の本の世界は、どのようなものだったのでしょうか？

書物を扱う商店は京都がはじまりだったようですが、後に江戸に広がり、

「地本」と呼ばれる他に類を見ない極彩色の本が出現して、より庶民に近い本屋が出てきたようです。

十七世紀後期に木版印刷された本が多数制作されて、町人文化が花開きました。

この頃の本屋さんは出版社も兼ねており、他店の本も古本も取り扱っていたそうです。目抜き通りに面した商店には色とりどりの錦絵が飾られ、華やかだった様子が伝えられています。

面白いのは店頭に大きな籠が置かれて

いて、客が要らなくなった本や読み終わったかわら版を入れていったというエピソード。本屋が回収品を紙にすき直し、古紙の再生までやっていたというから驚きですね。

もう一つ、当時の本屋さんでの重要な仕事「貸本業」がなかなか興味深いのです。

手写本の本はもちろん高級品で、庶民の手の届くものではありませんでした。木版印刷による大量印刷が安定して行われるようになってからも、やはり本は高価だったので、貸本業が流行っていたそうです。業態として、今の感覚なら「店頭貸し」が思い浮かびますが、当時は行商人が訪問形式で貸本業をしていたとか。

通信販売など考えも及ばないその当時は、貸本の行商人がお客さんの好みを考えて数冊持っていき、前回貸した本の回収とともに新しいものを貸し出す、という商売だったそうです。

家で待っているだけで好みの新しい本を持ってきてくれるなんて、ちょっとしたパラダイスじゃないでしょうか？　何を持ってきてくれるのか、わくわくしますね。ただし、この方法だと「積ん読」は不可能ですが……。

当時でも製造現場や、本屋には多少の在庫があったと思われますが、行き先不明の本が大量に倉庫に積まれるようなことは、なかったのではないでしょうか。もっとも、そのあたりのはっきりした記録は見当たりません。

一つ間違いないのは、現在と違って本は大変高価なものであり、最後まで大切に扱われていたということです。大量生産が可能になって、本の一冊あたりの価格は落ちましたが、こうした歴史を知るとあなたの目の前にある書物を大事にしたくなるかもしれませんね。

末つ器器の米

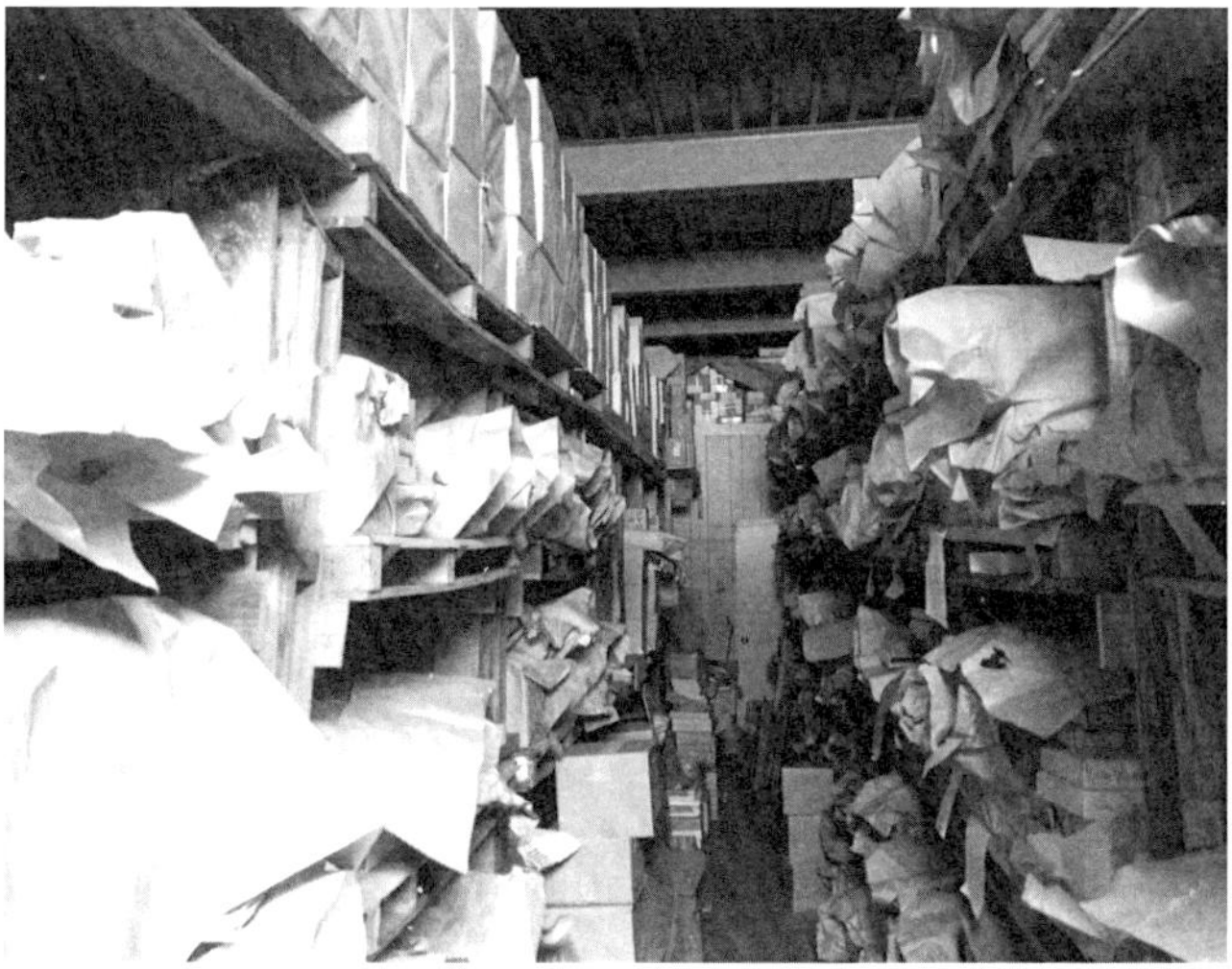

虹色社の設備とは　――最小のスペースでのシステム構成――

本を愛する方々の多くは、書物が出来上がるまで数多くの工程があることをなんとなくイメージしているのではないでしょうか。ただ、その作業の大部分が「人海戦術の手作業」と知る人は意外に少ない気がします。

代表的なものとしては、本のカバー付け。あらかじめ機械で折り目を付けておく等の工夫はありますが、印刷所の規模が大きかろうが小さかろうが基本は手作業です。

一日に数百冊、数千冊を製造可能なのは流れ作業で効率化を図っているからで、なんでもかんでも機械で製造できるものではないというのが実態です。

ちなみに、機械を全く使わない「完全手製本」でも本をつくれます。ただし、ものすごい手間がかかりますが……。

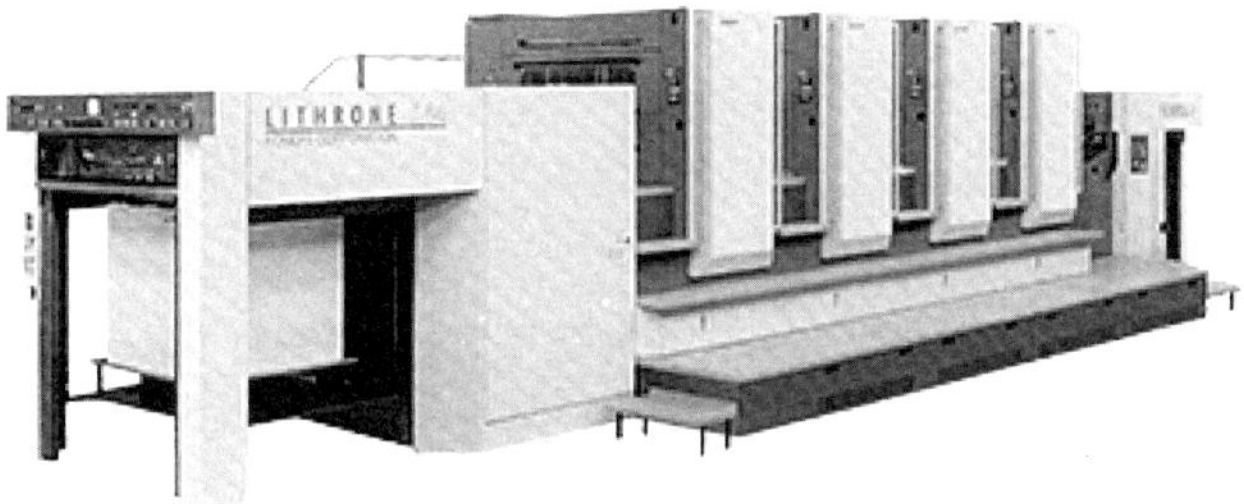

一般的な製本の製造工程として文庫本を例に挙げてみると、以下のようになります。

1．比較的大きなオフセット平版印刷機を使用します。１枚の紙には、通常32ページ分（両面の場合は64ページ分）を1枚にまとめて印刷します。

一回の印刷で多くのページを一気に刷るために、ほとんどの量産書籍の場合はこの方

法を採用しているのです。

ページ数分の印刷が完了するまで上記の繰り返し。

2．印刷した紙を切ります。といっても、いきなり本のサイズになるように切るわけではありません。

「紙折り機」に入る大きさまで、大型の直線「断裁機」で予備断裁します。紙関係はなぜか断裁《だんさい》といいます。布関係は、裁断《さいだん》です。

通常は8ページ分（両面16ページ）のサイズ。これを4分の1にカットします。

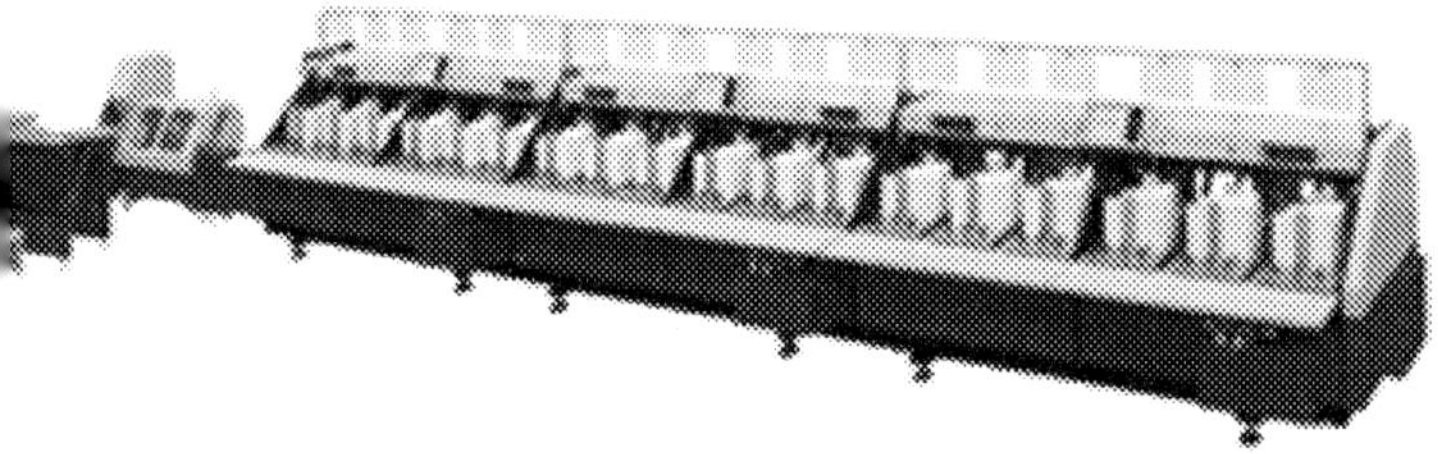

3．カットした紙を「紙折り機」で折って、本の一部になるように整えます。出来上がったものを「折丁《おりちょう》」といいます。

4．折丁を1冊分の本になるように重ねます。この作業は、人力でやる場合もありますが、規模の大きな製造の場合は、大型の「丁合機」で重ねます。動いているさまが楽しい、とても大げさな機械です。

5．重ねられた本文部分に表紙を付ける作業が「製本」です。製本には「くるみ綴じ製本」を使用します。糸や針金等を使わず前述の

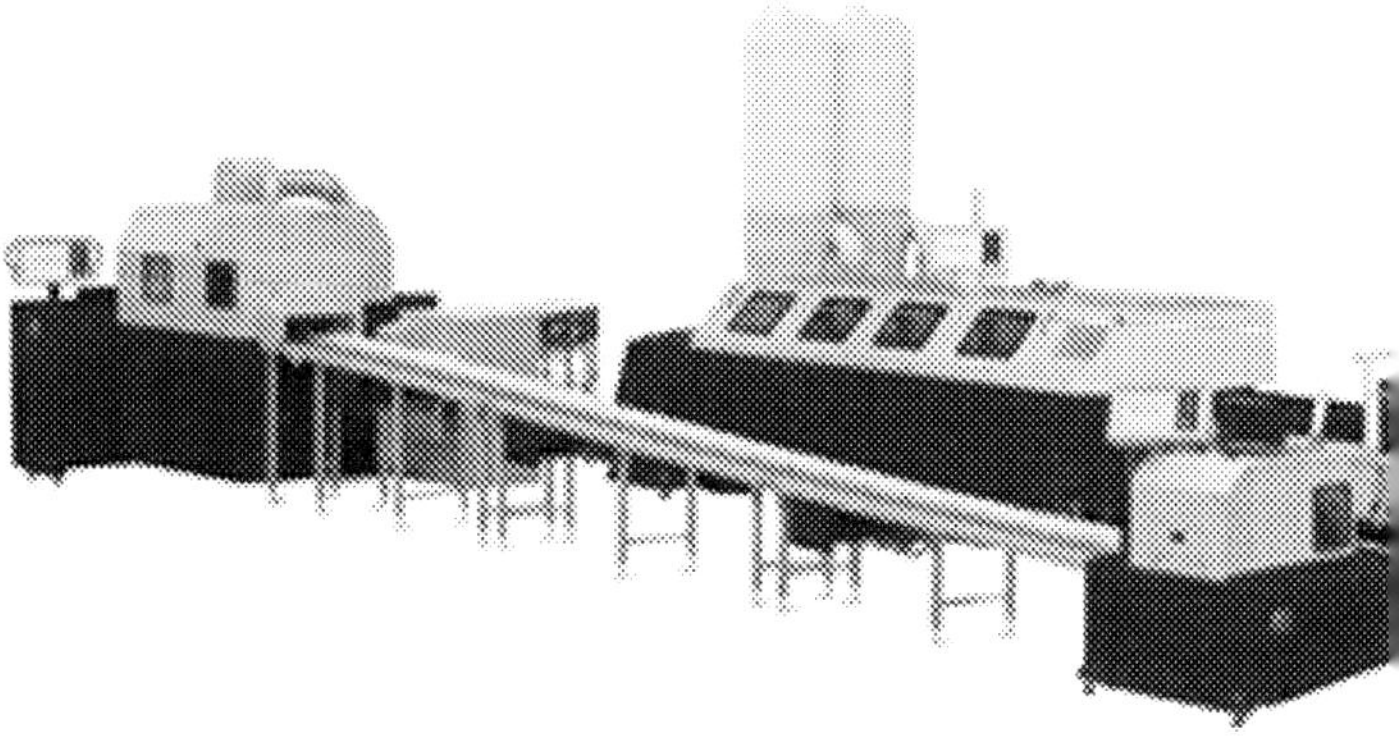

「ホットメルト糊」でページを接合するため「無線綴じ」ともいいます。表紙は別途印刷しておき、本文と表紙を「製本機」にセットし製本します。

6．製本されたものを仕上げ断裁します。製本段階で、接合された背の部分以外の三方切り揃えるので「三方断ち《さんぼうだち》」といい、コの字の刃が付いた「三方断裁機」を使用するのが一般的です。スピン（糸しおり）を上面に付ける場合は、それ以外の二方を仕上げ断裁します。

7．仕上げられた本に、手作業でカバーや帯を付け、出来上がりです。

以上のような手順で、効率的に製造されます。ちなみに規模の大きな機械の場合、同じ本がわずか1時間で、およそ6000冊以上製造可能。（数人体制での並行作業の場合）ただし仕上げに至っては、人海戦術なので十数人での作業となる場合もあり得ます。

上記の量産体制では、ワンマンオペレーションはほぼ不可能ですし、可能だとしてもかなり非効率的です。しかも、設備維持のためには、多種類かつ大量の生産が必須といえます。

江戸時代の彫師と摺師と製本職人の合体といえる一連の製造工程ですが、ある意味分業・機械化の「果て」なのでしょう。

さて、虹色社では、どうなっているかというと……。

前述の1～4までを1台の機械に任せます。上記と違うところは、設備がまず小型であることと、ワンマンオペレーションが基本であること。あとは製造速度とサイズの違いでしょうか。大規模な製造では、紙サイズが大きく1度に32ページ分刷れ、印刷速度も毎分およそ250枚程度。虹色社の機械では、文庫本サイズなら8ページ分サイズ（最大330㎜×約480㎜）となり印刷速度は、毎分およそ55枚です。

一見して、速度は劣ります。とはいえ、コピー機3台分くらいの大きさのこの小型マシンは、同じものを大量に印刷することに特化した機械ではなく、送られたデータごとに1枚1枚印刷できるデジタル印刷機なので、印刷されたものを順番に重ねる「丁合《ちょうあい》」作業が不要です。印刷が終わると同時に、丁合作業が完了する

虹色社にあるデジタル印刷機

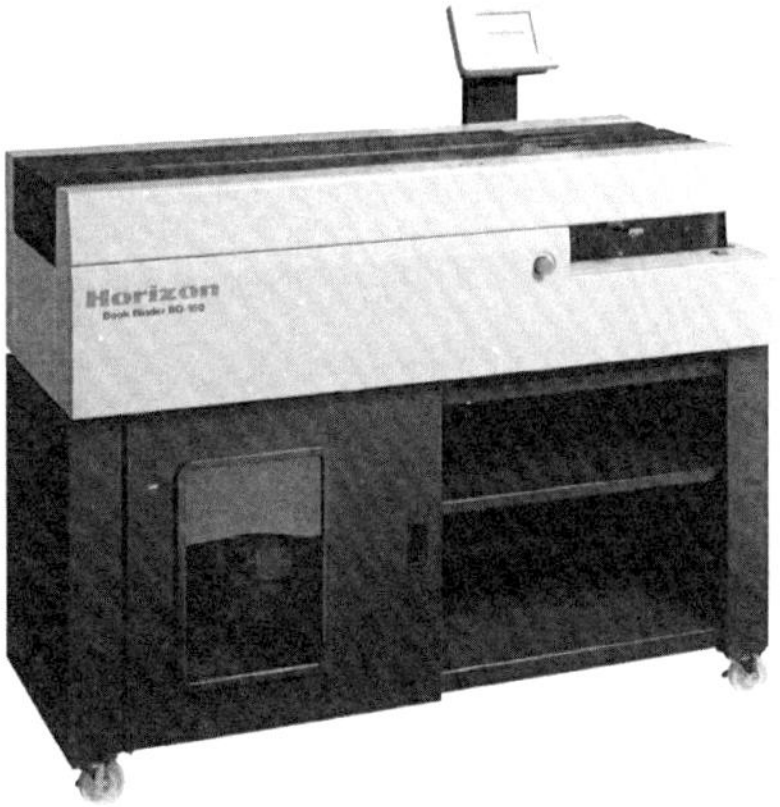

のは大きな利点といえるでしょう。
この後予備断裁をしますが、扱う紙のサイズが小さいので、使う断裁機も業界では最小の電動断裁機です。刃の長さが450mmの小型断裁機を使用しています。厚さ40mmまで対応しているので、数百枚まで重ねて切ることが可能です。紙押さえが油圧の断裁機だと効率は上がりますが、製本に伴う断裁の場合、紙押さえの力加減に幅があり、かつ油圧紙押さえは圧力が弱い弱点（小型断裁機の場合）が

ありますゆえに、虹色社ではあえて手動紙押さえという、最も原始的な断裁機を使用しているのです。

製本用の機械は、大規模製造の製本機と方式は全く同一のもの。製造効率はグッと落ちる「往復式直線製本機」。それでも1時間に100冊以上は製本可能です。人力の部分が多いので、習熟度で製本効率が変わるという面もありますが、その分さまざまな融通が利く製本機といえるでしょう。

製本は、大規模システム同様ホットメルト糊で行うので、製本作業直後から仕上げ

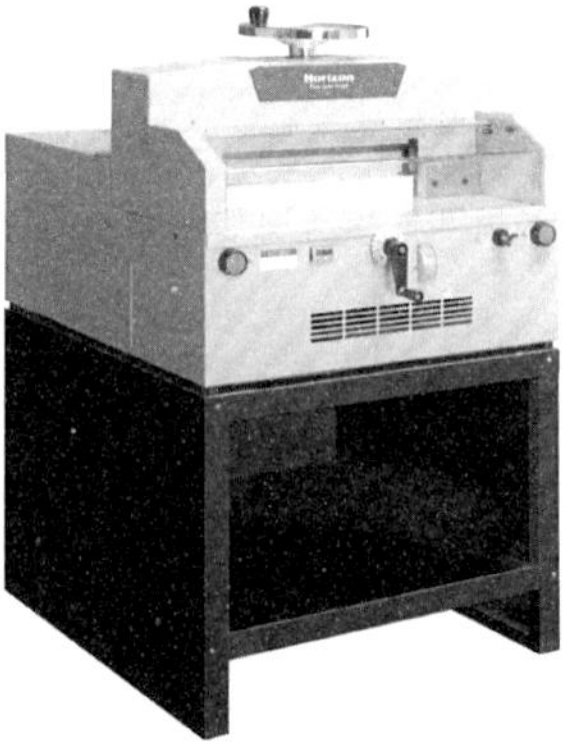

断裁作業ができます。

前述の小型断裁機で仕上げ断裁を行い、本の本体は出来上がり。

その後、カバー付けや、帯付け後に完成ですが、こうした作業はもちろん手作業です。

以上、たった3台の小型機械で、一般的な工業製本と同様の本が出来上がります。

小型システムの単価は大量生産システムと比べれば割高です。しかし、技術の進歩とともに低価格化が進み、工夫して製造すれば、単価をある程度下げることも可能で、商業ベースに乗るシステムとなりました。虹色社は多品種、少部数印刷に長けたこの仕組みを採用しているからこそ、オリジナリティあふれる本が出版できるのです。

Horizon
すぽっとらいと
月
すぽっとらいと
食
すぽっとらいと
珈琲

虹色社での制作の進め方

さて、ここでは一般的に出版社が自社企画の本をつくるときに関わる人数と、虹色社の場合を比較してみます。虹色社のやり方が特殊なのか何なのか……とにかく最後まで読んでいただければきっと驚くことでしょう。

【一般的な出版社の場合】

通常、営業を含めた出版社内ほぼ全員での企画会議からはじまるでしょう。会議で決まった本の内容を決定し、制作方法を考えます。

一人目の登場人物。出版社制作部編集長

私の以前在籍していた出版社では、制作部員はだいたい編集長含め3名体制くらいが普通でした。

二人目。出版社編集部員その1

編集長と協力の上、全体構成、目次作成、台割（これの役割は後述します）制作、本文分量や依頼内容を決め、装丁案等々、決めごとはたくさんあります。

三人目。出版社編集部員その2

編集部員その1と協力して、案や企画書を制作していきます。出来上がったものは、逐一編集長にチェックしてもらいます。

四人目。出版社営業部員

編集長は、営業部員に作家、デザイナーへの依頼内容を伝えます。作家、デザイナーの選定は、主に編集長が行います。

五人目。本文作家

出版社営業からの依頼に応じて、テキスト制作。内容については、通常編集長と直接打ち合わせします。

六人目。デザイナー

こちらも、出版社営業からの依頼に応じて、デザインを制作していきます。場合により写真撮影等を……

七人目。カメラマン

へと依頼します。

デザイナーとカメラマンは、通常制作に直接関わる編集部員その1、その2と話し合い、制作物の仕様を協議し決定します。

本文、デザインが順次出来上がった時点で、制作部に全てのデータが集約されます。

集められたデータをもとに、製版作業。このあたりの作業は、現在では全てコンピュータ作業ですね。

この過程で……

八人目。印刷会社営業

へと見積り依頼と、仕様の打ち合わせを編集長と行いますが、このときはじめて内容が出揃うので、場合によっては印刷会社営業も加えて本の価格を決定します。

さらに、デザイン時点でも必要になる「束見本《つかみほん》」の制作依頼をします。これは本の出来上がり見本。もちろん中身も表紙も何もかも未印刷状態です。

印刷会社営業は、この依頼を受けて……

九人目。製本会社営業

へと束見本制作を依頼します。

十人目。製本会社技術担当者

が依頼を受け、紙を注文し、束見本を制作します。出来上がった束見本は、製本会社営業、印刷会社営業を介して出版社に渡されます。

出版社制作部は、束見本をもとに、表紙デザインを制作。

出版社制作部、本文作家、デザイナー、カメラマンたちが繰り返し協議しながら、本の完成データをつくっていくのです。

場合により、ここで本文内容の校正を行う……

十一人目（場合により数名）。校正者

に校正を依頼します。

校正データをもとに出版社制作部にて修正。ようやく本のデータが完成します。

完成したデータは、印刷会社営業経由で……

十二人目。**印刷会社製版技術者**

に渡されます。担当者によるデータチェックを経て、印刷用に集版、面付け作業をして、本一冊分の複数の刷版《さっぱん》が制作されます。出来上がった刷版を……

十三人目。**印刷機オペレーター**

が受け取り、出来上がり見本の仕様に従い印刷を注文数分行います。出来上がったバラバラの印刷物は、印刷会社営業から製本会社営業を通じて、製本会社技術担当者に引き渡され……

十四人目（場合により数名）。**製本作業者**

が、予備断裁、折作業、丁合、製本、仕上げ断裁、検品作業、カバー付け、帯付け、梱包などなどを行います。

とりあえず、思いついたところから挙げてみましたが、工程によってはさらに多くの関係者が出てくるわけです。制作期間は、数ヶ月に及ぶことが容易に想像できると思います。また、どこかの工程で何らかのトラブルがあった場合は、連動して多くの作業が停滞してしまいます。厄介ですね。

【虹色社の場合】

さて。ようやく虹色社の出番です。

自社内企画会議開催。総勢でも通常三人くらい。

今回は、お手に取って読んでいただいてる、この本の例です。

一人目。私。

企画が決定し、私が執筆。目次案をつくった後に台割《だいわり》を作成します。

台割は、各単元をどのくらいの文量にするかという目安づくりのためと、単元のはじまりや、

題字をページのどちら側に配置すれば全体として無理がないかなどをチェックするためのものです。早い段階でつくり、度々修正しつつ使い回します。今回は製版、デザインは自分でやるので、紙に出力せずパソコン上で作業します。

二人目。校正兼、ライター兼、作家兼、製版技術者（男性）

の彼とともに本文執筆。数々の指摘が入りながらひたすら（私が）執筆。予定表までつくってくれたので、予定を追い越す勢いで（私が）書きまくる。

PC画面でああでもない、こうでもない、と相談……

三人目。営業担当兼、カメラマン兼、製版技術補助、さらに秘密の一芸を持つ（女性）

彼女と掲載写真の撮影打ち合わせ。の直後、撮影。完了。出来上がった本文のチェックもしてもらいました。

本文を書きながら、時間を見て、自分で「束見本」作成。レイアウトもデザインも自分でやって、文書チェックが終わったら、本の形にデータを整えて、デジタル印刷機に送り込むためのデータを作成。紙を注文して、印刷開始。

印刷できたら、予備断裁。その後製本。

そうです。これも自分でやっています。

製品チェックして……できた！！

執筆一ヶ月、製版、印刷、製本、仕上げまでで一週間位でしょうか？関わった人員は三名で、制作においても外注依存度はゼロです。これも自社内で全ての工程を完結できるシステムのおかげです。

本の一番大変なところは、一番は内容の制作。次いで厄介なのが、製版作業。これは本の形にデータをと整える作業ですが、意外にやることは多いのです。この二大要素さえなんとかなれば、短期間で本としてつくり上げることは虹色社では十分、可能です。短期間だからといって雑ではありません。前述の通り、文書チェックも数回にわたって行いますし、加えて全体的なデータチェックを何度も実施するのです。多くの人が関わっていないため、チェックもスピーディーにできるというわけです。

少人数での制作体制の長所はまだあります。情報の共有がものすごくスムーズで、伝達ミスが少なくなるのです。（情報の抜けや作業工程の認識がずれるのは本をつくる上で致命的なのです！）

少部数印刷システムなので、一冊の本をつくるコストの圧縮にも大いに貢献します。

どうでしょうか？　あなたもスピーディーに本をつくってみたくなりませんか？

完全自作写真集「いつもみてる」
撮影、デザイン、編集、印刷、オリジナル装丁、製本……
おまけに発行者まで全部自分だけの出版本。

9784909045362

1920041036006

本が虹色社を旅立つとき

「本」と「書籍」という言葉は、とりあえず全く同じ意味の語句ですが、出版社業界では書籍という方が多いでしょうか。口語では本と呼ぶことが圧倒的と思います。

本の定義は、前にも述べたとおり、紙束を糊や糸や紐等で留めたものなのですが、世の中には薄い「小冊子」や「レジュメ」といった言葉も聞かれます。おおむね50ページ以下は、小冊子という「印刷物」に定義されるらしいのですが……これはかなり怪しい分類です。

世界の著作物としての本の定義は別に存在していて、国際規格であるISBN（インターナショナル・スタンダード・ブック・ナンバー）のコードを付け、日本の場合はその上で日本の国立国会図書館、つまり国に管理を委ねる手続きが完了した本を、「本」としているのです。つまりページ数は関係ありません。ＩＳＢＮコードが付いているかどうかです。ただし、世界的には１９７０年以降、日本では１９８０年以降にこの制度がスタートしているので、それ以前の本には基準がないのです。

「雑誌」にも専用の雑誌コードが存在します。政府刊行物等、スタンダードブックに分類されないものの、国に登録されている印刷物もありますが、雑誌以外で本屋さんが扱っているものは少ないでしょう。

虹色社でつくるものは、このＩＳＢＮコードが付いた「本」か、コードのない「自費出版本」または「小冊子」「印刷物」です。

ここでは、虹色社から旅立つＩＳＢＮコードの付いた「本」のお話をします。

出版社は「本図書コード管理センター」に、自社分のＩＳＢＮコードを発行してもらいます。通常は１００冊分ごとに申請して、コード番号を取得するのです。

使っていない新しいＩＳＢＮコードを、つくった「本」に付与します。本の最後に書き加える「奥付《おくづけ》」にＩＳＢＮコードを書き加えるわけです。同時に、本の表紙またはカバーにＩＳＢＮバーコードを指定の場所に指定のサイズで印刷。これらは本のデータを作成するとき、同時にレイアウトに組み込んでおきます。

ここまで来れば、本の旅立つ準備が整いました。ＩＳＢＮを付ける……すなわち「出版」です。

その後、国立国会図書館に、一冊の「納本《のうほん》」を行います。納本制度は、任意行為ではなく「義務」です。怠ると、罰則があります。出版日より30日以内に納本しない場合、記載定価の5倍以下に相当する罰金が科せられてしまいます。

逆に、納本すれば定価の半分の代償金と送料が交付されるのです。この義務は本の発行者、つまりは出版社である虹色社に課されます。

いよいよ、販売準備です。

話は前後してしまいますが、本の価格は独占禁止法対象外の「著作物」となるために、発行者である虹色社が価格を決定して良いことになっています。通常商品は、販売者の利益を考えて販売者が価格を決めますが、一部の著作物は価格の決定方法が他商品と異なります。

一番簡単な販売方法は、虹色社の店舗で売る方法。直接お客様に販売する方法です。最初の一冊が人の手に渡るときはいつも緊張しますね。それでも、見える相手にお渡しできるのは嬉しいことです。

お世話になっている「取次店様」には、見本品とともに数冊出荷します。

次いでアマゾンへの出品。

この上で、各書店様への営業。各店舗を直接訪問します。大型の書店の場合は、売場責任者様に直接営業しに伺います。

地域の図書館にも営業または寄贈することも。図書館は特にISBNコードのない書籍は受け付けてくれません。

場合によって、書店以外にも営業します。古書店、喫茶店、雑貨店等、合いそうなところは全て営業対象なのです。本の「進路」はたくさん確保するに越したことはありません。多くの場所で置いてもらえれば、それだけ多くの人に読んでもらえる可能性が広がるのです。

さて。虹色社の場合、一気にたくさん本をつくりません。確実に売れそうな場合や、必要と判断できた数量のみ製造します。

倉庫と呼べる場所や余剰スペースはほとんどないので、在庫を抱えるのは悪手なのです。「置いてもらえたらつくる」「売れたらつくる」を基本としています。

この方法だと、大量の返品等も発生せず、効率良く本が旅立ってくれるのです。

本が虹色社を旅立つとき

虹色社でできるあんなこと、こんなこと

虹色社の事務所は決して広くありません。そんな場所で「まともな本」が出来上がるのはなかなか想像できないようで、驚く方も多くいらっしゃいます。

1冊つくるところを見たとしても、数百冊レベルの製造が可能とは思わないようです。ご覧になった方々は完成品を手に取って、「売っている本みたいだ」と感動していることもしばしば。

製造工程を知る身としては、「何を言っているんだろう？」と不思議な気持ちになりますが、無理もないですね。

驚いたのは、本づくりに携わっている編集者も実際の製造現場を見たことのない人がほとんどだとか。これは綿々と続く分業の歴史を物語っているような気がします。

２００年前は、本づくりはすべての工程が一ヶ所で行われていました。それぞれの匠が力を結集させ、本をつくっていたわけです。

現在では、高度に分業化が進んで大量生産・低価格化によって、本自体を手軽に入手できるようになり、読み手にとってはまことにパラダイスのような時代です。

「一人でのものづくり」という側面から、少し絵画についての話にお付き合いください。

絵画手法の「アフレスコ」をご存じでしょうか。

一般的には「フレスコ画」と呼ぶ場合が多いのですが、「アフレスコ技法で描かれた絵」と呼ぶのが正しいでしょう。石膏と砂を混ぜた石膏モルタル、そこに水を入れた材料で「塗り壁」をつくります。この壁が乾かないうちに、水で練っただけの色の粉（顔料）を塗り付けると、色が塗り壁表面内部に浸透し、ごく薄い石膏の被膜が表面を頑強に保護するようになります。乾燥後は、水で洗っても色は決して落ちません。

この方法で壁に絵を描いたのが「フレスコ画」で、数百年にわたり美しい色彩を保ちます。そのおかげで現代の私たちも古い時代の絵画を鑑賞できるのです。しかし、アフレスコ技法で大きな壁絵を完成させるのは並大抵のことではありませんでした。

実際、A3サイズ程度のフレスコ画を制作したことはありますが、石膏の硬化は非常に早く進行します。30分前後が絵の具を塗る時間の限界です。この時間を過ぎて塗り付けた絵の具は完全乾燥の後、パウダー状に表面に浮いてしまい定着しません。

実際に大きなフレスコ画での制作では、画家による入念な着彩計画と、一定の水分割合の石膏モルタル材料を描く寸前に壁に塗り付ける、高度な職人技術が必要です。色の定着はもちろんですが、壁ですから割れて落ちては洒落になりません。絵画の進行に従って画家とともに壁を塗り、さらに均一の壁として完成させるわけです。

画家と壁塗り職人の高度な連携で「フレスコ画」は出来上がります。

代表的なフレスコ画　ラファエロ作「アテネの学堂」

時代は進み、卵と顔料を練ったもので絵を描く「卵テンペラ技法」とか、天然樹脂で顔料を練るものとかいろいろ試行錯誤されましたが、これらは画家が「一人で自由に絵を描く」為に長い時間をかけて研究されたのです。結果、西洋では油絵具が、日本では膠《にかわ》を用いた日本画がそれぞれ発達し、画家は一人で絵を完成できるようになりました。

つまり絵画の分野では、一人の作家が純度の高い「作品」をつくれるように進化したわけです。

話は戻って、本は同じ内容のものを複数制作することが必須といえる、特殊な「作品」です。

印刷という複製技術の発達なしに現代的な本は語れません。ゆえに、本をつくる際は大変高度な工程を経る必要があり、絵画のように「一人でつくる」ことを想定されていないように思えます。

技術が進み、パソコンのプリンターを用いて手づくりの本に挑む人は増えてきていますが、これを一般の本屋さんや図書館で普通に見られる「本」の形に仕上げるのは、大変難しいでしょう。なぜかというと、現在の本は製品としての完成度が高いからです。こうした状況が、一からの本づくりをますます縁遠いものにしているといえます。

そこで虹色社では「作家であるお客様」に、せめてフレスコ画を簡単に描いてもらえるレベルで本をはじめとした「作品」を共につくれるようにしたいのです。お客様の意向にきめ細かく対応できるよう、最新設備を取り入れております。

設備の特性を生かして、低コストで少量の製造も実現可能です。

つくれるものとしては例えば、少量のシール制作とか、印刷ラミネートのキーホルダーとか、缶バッチ、各種形状のノートやメモ帳、日記帳とか、オリジナルカレンダーなどなど。

大量スキャン、大量コピーはもちろん、大量用紙の指定サイズへの断裁、無線綴じによる「くるみ綴じ製本」「テープ製本」「天ノリ製本」は、1冊から対応しています。

お話ししながら企画を膨らませることも多いので、何かつくりたいけど相談に乗って欲しいといった場合は、まずご連絡ください。

EHARA
コピーサービス

M77232917
2017年
最大の素数
M82589933
2018年
最大の素数
2018年
最大の素数

大ヒット本!?「2017年、2018年　最大の素数」

——発想から制作まで——

自分でつくった本ですが、どう見ても不思議な代物でした。

皆さんは本を手に取ったときにどうやって開きますか？

表紙の硬いものなら、1ページ目から開くかもしれません。

その本は重くて分厚くて柔らかいので、ほとんどの人は真ん中辺りをガバッと開くと思います。

目に飛び込んでくるのは、紙面いっぱいの数字の羅列。しばらく見ていると、目眩に似た感覚を覚えるのではないでしょうか？

『2017年最大の素数』の試作品が完成したとき、少なくとも私はそう感じました。

2、3、5、7、11、13、17、19、23、29、31、37、41、43、47、53、59、61、67、
71、73、79、83、89、97、101、103、107、109、113、127、131、137、139、149、
151、157、163、167、173、179、181、191、193、197、199、211、223、227、
229、233、239、241、251、257、263、269、271、277、281、283、293、307、
311、313、317、331、337、347、349、353、359、367、373、379、383、389、
397、401、409、419、421、431、433、439、443、449、457、461、463、467、
479、487、491、499、503、509、521、523、541、547、557、563、569、571、
577、587、593、599、601、607、613、617、619、631、641、643、647、653、
659、661、673、677、683、691、701、709、719、727、733、739、743、751、
757、761、769、773、787、797、809、811、821、823、827、829、839、853、
857、859、863、877、881、883、887、907、911、919、929、937、941、947、
953、967、971、977、983、991、997、1009、1013、1019、1021、1031、1033、
1039、1049、1051、1061、1063、1069、1087、1091、1093、1097、1103、1109、
1117、1123、1129、1151、1153、1163、1171、1181、1187、1193、1201、1213、
1217、1223、1229、1231、1237、1249、1259、1277、1279、1283、1289、1291、
1297、1301、1303、1307、1319、1321、1327、1361、1367、1373、1381、1399、
1409、1423、1427、1429、1433、1439、1447、1451、1453、1459、1471、1481、
1483、1487、1489、1493、1499、1511、1523、1531、1543、1549、1553、1559、
1567、1571、1579、1583、1597、1601、1607、1609、1613、1619、1621、1627、
1637、1657、1663、1667、1669、1693、1697、1699、1709、1721、1723、1733、
1741、1747、1753、1759、1777、1783、1787、1789、1801、1811、1823、1831、
1847、1861、1867、1871、1873、1877、1879、1889、1901、1907、1913、1931、
1933、1949、1951、1973、1979、1987、1993、1997、1999、2003、2011、2017、
2027、2029、2039、2053、2063、2069、2081、2083、2087、2089、2099、2111、
2113、2129、2131、2137、2141、2143、2153、2161、2179、2203、2207、2213、
2221、2237、2239、2243、2251、2267、2269、2273、2281、2287、2293、2297、
2309、2311、2333、2339、2341、2347、2351、2357、2371、2377、2381、2383、
2389、2393、2399、2411、2417、2423、2437、2441、2447、2459、2467、2473、
2477、2503、2521、2531、2539、2543、2549、2551、2557、2579、2591、2593、
2609、2617、2621、2633、2647、2657、2659、2663、2671、2677、2683、2687、
2689、2693、2699、2707、2711、2713、2719、2729、2731、2741、2749、2753、
2767、2777、2789、2791、2797、2801、2803、2819、2833、2837、2843、2851、
2857、2861、2879、2887、2897、2903、2909、2917、2927、2939、2953、2957、
2963、2969、2971、2999、3001、3011、3019、3023、3037、3041、3049、3061、
3067、3079、3083、3089、3109、3119、3121、3137、3163、3167、3169、3181、
3187、3191、3203、3209、3217、3221、3229、3251、3253、3257、3259、3271、
3299、3301、3307、3313、3319、3323、3329、3331、3343、3347、3359、3361、
3371、3373、3389、3391、3407、3413、3433、3449、3457、3461、3463、3467、
3469、3491、3499、3511、3517、3527、3529、3533、3539、3541、3547、3557、
3559、3571

素数の数列、1番目から500番目まで。

２０１８年１月はじめに、オタクな私が色めくニュースがありました。人類史上最大の「素数」が２０１７年12月に発見されたのです。

素数というのは、「その数自身か、１でしか割り切れない数」のことです。２からはじまり、３、５、７、11……と、以降、上限なく、延々と存在します。

しかし「これが素数だ」と簡単に計算してはじき出す方法は、今でも発見されていないのです。ランダムに数字を選んで、その数字が「素数」であるかどうかを計算で判定していきますが、何かの数で割り切れてしまったらそれは「素数」ではないわけです。大きい数字になればなるほど割る数も増えていくわけで、素数かどうか一から調べていくとものすごい手間がかかることは、なんとなくおわかりいただけるのではないでしょうか。

素数の発見についての議論は、紀元前の古代エジプトでも行われていたようです。素数にはなぜかたまらない魅力が備わっているようで、巨大素数の発見の歴史もまた長く続いています。1400年代には、6桁の素数「131071」が見つかっています。この数を素数として証明するのも、かなり大変でしょう。今では、パソコンで簡単に素数かどうかの判定ができますが、当時は全て手計算だったのです。

手計算による最大の素数を調べてみると、1876年に発見された39桁の数とのこと。フランスのリュカという数学者が、それこそ生涯をかけて、検算まで全て手計算で求めたそうです。それがこれ。

「170141183460469231731687303715884105727」

普通に桁数を数えるだけで嫌になりますね。一、十、百、千、万……。これを単位で表すと、「170澗（かん）1411溝（こう）8346穣（じょう）４６９秄（じょ）あるいは秭（し）２３１７垓（がい）３１６８京（けい）７３０３兆（ちょう）７１５８億（おく）８４１０万（まん）５千７百２十７」です。どういう数なのかさっぱりイメージできませんね。

これ以降の素数計算は、全てコンピュータが用いられるようになりました。


素数は、１からはじまる「数の海」に全く規則性なく出現する不思議な数といえます。「素数砂漠」という、しばらく素数でない数が連続している区間もあって、知れば知るほどその世界は深遠で魅力的です。

現代では、素数がなくてはならないものとなっているのをご存じですか？

おもに「暗号」をつくるのに用いられているのです。具体的には、データの暗号化技術に使われています。詳しく話すとそれだけで本が書けますので、以下ざっとですが……

素数×素数を計算した答えとして例を挙げれば、127×89＝11303ですが、11303からもとの掛け算（127×89）を導き出すのは、それこそ至難の業です。

実際、巨大な素数での掛け算の組み合わせを導き出すのはコンピュータを使っても非常に難しく、破れない暗号をつくるために、素数は現代社会で必須なものとなっています。

さらに暗号を破られにくくするために、実は世界中の人々が巨大な素数を探しまくっているのです。

２０１７年の「最大の素数発見」記事には、「最大の素数は原稿用紙に書くと５８０００枚分」と書かれています。

４００字詰め原稿用紙で５８０００枚分の数字の羅列。その桁数は、２４８６２０４８桁です。ということは、２４８６２０４８文字。

「これは、本にしたら面白いのでは？」

私はそう思いました。

数字の羅列で一番に思いつくのは「円周率」でしょうか。この数は、終わりのない数としても知られていますね。絶対終わらない連載小説みたいなものです。本にすると、どうやっても中途半端。未完に終わってしまいます。

しかし素数は、原稿用紙５８０００枚分で「終わり」なので本にしても良いかな、と考えた次第です。

まずはいつもどおり、試しにつくってみることにしました。数の実物は、ネットで簡単に落とせましたが、これを印刷するだけでも大ごと。普通に使われる10ポイント程度の文字サイズで印刷しようとしましたが、即座にやめました。数十巻以上の超大作になるからです。さすがに無謀と感じたので、文字サイズを縮小しておおむね７００ページくらいにレイアウトし直すと、なかなか良い塩梅でした。膨大な文字（数字）データによって、レイアウトソフトウエアの処理時間がとんでもないことになっていましたが……。

とりあえず、そのまま本にしてみました。

ひとめくりして、冒頭の通り目がくらみました。ただ、誰かに見せたいという衝動や、その結果どのような反応が返ってくるか、見てみたい気持ちが湧き起こり……完全な「出来心」で、本に仕立てました。

重さを測ると、およそ1.2キログラム。要するに「電話帳」みたいな本です。分野としてはまぁ学術書だよな、ということで表紙も参考書のようなテイストにしました。さて出来上がったこの本、どのような使い方ができるんだろうか。つくった私でさえ「用途不明」なのです。

仕方がないので、使い方は全て読者の皆さんに委ねることにしました。「感動巨編として1ページずつ読み進める」「メモ帳にする」「暗号作成用」「枕にする」「漬物石の代用品」……自由です。完全なる自由。

おわかりのように酔狂で完成した本です。これが売れるなんてあり得ないなどと考えていた私は、呑気そのものでした。そしてまもなく、自分の見通しの甘さを思い知らされることになるのです……。

つくったからには一応宣伝することにしました。

いつもならまず取次さんへ出荷するところですが、常識的な説明方法が思いつかず、考え込んだ末に見送りに。

こんな酔狂本を誰も見ないだろうとは思いましたが、アマゾンさんへ出品手続きをし、駄目もとでウェブ系のニュースリリースを流しました。予想通り無反応。まぁこんなものだろう。

広報活動の最後として、「最大の素数発見」の記事を書いていた、某外資系情報サイトの記事担当さんあてにメッセージを送りました。「出来心でこんな本出しちゃいました」というようなテンションで。

他の誰もわかってくれなくても、この人はもしかしたら私の酔狂？　奇行？　を理解してくれるのではないかと思ったのです。

ほとんど期待はしていなかったので、コメントを書いたことも忘れていました。2日後だったでしょうか。件の記者さんから「取材申し込み」があったのです。

怖いもの見たさか、はたまた、こんな本をつくる奴がどんな顔をしているのか見るためか？

だいたいこの記者さんはどんな人だろう？

まぁ会うのはただですし、記事取材ということで宣伝にもなりそうなので、お受けしました。

翌日事務所に来られた記者さんは、一言でいえば「オタクっぽーい」（ごめんなさい）方で、楽しそうに『最大の素数』を手に取っていました。その場で1冊ご購入。この本のはじめての購入者です。

「本当に買う人いるんだ！」驚くやら嬉しいやらでした。

後日、原稿を書いたということで、内容確認のご連絡をいただき、そのままOK。すると、そ

のまた翌日だったか早速記事がアップされました。私の姿も「ど～ん」と記事に登場。この時点でもまだ「こんなもの広がるわけないよなー」と思っていたのです。

ところが……このニュースサイトはPVが多かったのでしょう、SNSにもちらほらと記事が広がりはじめました。

そしてある日。「恐怖の」お知らせがありました。

アマゾンさんからの発注メールです。

1000冊の発注！　正直目を疑いました。

虹色社システムの生産量だと、『最大の素数』は計算上どんなに頑張っても1日たったの32冊しかつくれません。

かくなる上は、印刷屋さんに外注しようと見積もりを頼みました。ところがどっこい、販売価格を超えた見積書に驚愕。外注した数の分だけ赤字になることが確定したのです。しかも重さは計1.2トンな上、およそ8畳間のスペースが天井近くまでいっぱいになるとの話です。かつて見た出版社の倉庫が脳裏をよぎりました……。

「自分でこつこつつくるしか方法はない」

考えている暇もなく、再びアマゾンさんより連絡が。まだ出荷もしていないのに、注文が100冊を超えたとのことでした。

悲鳴以外出ませんでした。本来出版社は自社本が売れたら嬉しいはず。

しかしこれは完全にキャパ超えの事態です。青ざめました。

1日32冊。つまり、1ヶ月休まずつくれば可能？　いや他の仕事はどうなる？　いろいろ考えてもはっきりいって無茶なのです。

ここにきて開き直りました。

「仕方あるめえ。とりあえず、できるペースでつくって送ろう。」

実にマイペースな結論が出て、印刷開始です。アマゾンの営業さんから普段は

あまりない電話連絡が来ましたので、とりあえず状況を正直に申し上げました。ありがたいことに、頑張ってくださいとの優しいお言葉。

「アマゾン数学部門書籍販売1位」

これを見たときの気持ちは形容しがたいものがありましたが、感慨にふけっている場合ではないわけです。電話連絡で取材申し込みがあった気もしますが、断ってしまった記憶が……。今考えるとバカなことをしました。

毎日見るごとに注文が増える。「地獄の数字」がとにかく増える。

しかし、なんだってこの本が売れるんだろう?

理由の一端がわかったのは、販売開始から2週間くらい経ったある日でした。

早稲田大学で数学を教えている先生が来店されました。お話を伺うと、『2017年最大の素数』に感動したそうなのです。

「感動」……？　似つかわしくない言葉にも思えましたが、専門家の見地からその理由を教えていただきました。

数学は全てが理屈の学問で、手に触れられる教材というものが実はほとんどないのだそうです。その点『2017年最大の素数』は、数学分野では珍しい手に取れる教材。「巨大数という分野の最高の見本だ」とおほめいただきました。なんという絶賛。

その後もユニークなアマゾンレビューを書いていただいたり、大手の書店さんでもバンバン取り扱っていただいたりして、本当に大騒ぎの毎日でした。

それこそいろいろ後悔もあります。

第一に、かなりタイトなレイアウトでつくってしまったため、製造時の失敗が多いこと。つまり「歩留まり」が悪いのです。

1日32冊しかできないのに、うち5冊が駄目になることもざら。慣れたら良くなるかと思いきや、失敗の比率は相変わらずで、正直気が狂いそうでした。

「版」自体を改善しようとも思っ

たのですが、追われまくる毎日で手が回らず、失敗作もまた量産しまくったわけです。効率が悪い。

大忙しでしたが、もちろん儲かるというレベルではなく、そこも後悔というか反省です。

アマゾンさんや書店さんへの納期が遅れ続けたこともあり、嬉しいようななんともいえない毎日となりました。

『2017年最大の素数』は虹色社にとって最大のヒット本であり、喜びと反省が相半ばする1冊でもあるのです。

その間に海外からの注文が飛び込んだり、海外サイトからオンライン取材があったりしましたが、半年過ぎた頃にはだいぶ落ち着いてきました。

『最大の素数』は置いておくだけで話が盛り上がる不思議な本ということで、喫茶店や、飲み屋さんで置いていただきました。また、「割れない数」ということで、結婚の記念品としてのご要望も。いろんな意味で利用法満載の面白い本となりました。用途を人に委ねたのが功を奏したのか……？

この年、2018年末には最大の素数が記録更新されたという知らせが、また舞い込んできました。短いスパンで更新されて驚いたものです。同じ要領で『2018年最大の素数』を出版しました。

1回目ほどの爆発はありませんでしたが、そこそこ売れて……売上にはあんまりならなかったものの、嬉しくなったものです。

2017年2018年と続いた最大の素数の発見ですが、ここ数年は記録更新もなく、この年はほんとに特別でした。もちろん、新しい最大の素数が発見され次第、出版できる体制は整っています。『最大の素数』に関しては第一の出版社である自負を胸に、来るべき「そのとき」を待っているのです。(どんなプライドなのか)

また、2017年版、2018年版ともに装いを新たにした新装版を今年(2011年)出版しました。試行錯誤の上、より上質な紙に改め、サイズはコンパクトに、印字を濃くするなどして『最大の素数・決定版』といえるものに仕上がりましたので、ご覧いただけたら幸いです。

余談ですが、私の母が２０１８年１月、つまり『２０１７年最大の素数』が爆発的に売れる直前にこの世を去りました。

はからずも、この本は自分にとっての記憶のメモ帳にもなりました。（数字だけの本ですが）

巻末に小さくコメントを入れて、万感を込めた感謝の印としています。

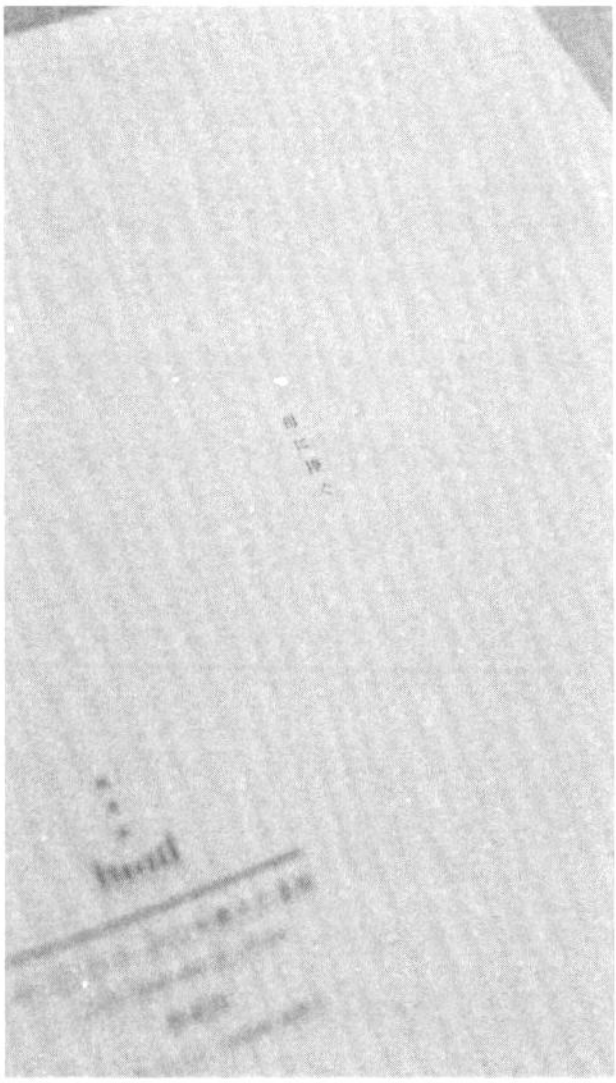

こんな本も出しています

虹色社の出版コンセプトとして、当初は「リテラシー向上を目的とした本などを多産したい」と思っていました。なかなか思いが形にならず開業以来悶々とはしていますが、さまざまな試みを続けてきました。

写真は自分でも撮るので、写真集的なもの、画集、詩集などもつくっています。これらがリテラシー向上に貢献するかどうかは、疑問といえば疑問ですが、役に立たないことはなかろうとおおらかに拡大解釈した結果です。

絵本は、1冊からでもつくれるように制作方法の試行を繰り返しました。

絵本はＢ５サイズ、16見開きというフォーマットが原則です。厚紙表紙に糸綴じが一般的な姿で、最低５００冊くらいからの量産でなければ、世間並の価格で販売できないというのがこれまでの常識でした。

一部のオリジナル書籍では、数冊から絵本のような上製本にする場合でも、単価が高すぎて話になりません。

さてどうしたものかと考えて、虹色社では独自形式で絵本を製造するに至りました。

はじめ、強度を上げるつもりで紙を厚くしたら、使用した紙が強すぎてページが弾け飛ぶ始末。今では最適な厚さなどがわかってきたので、絵本用のフォーマットが確立されています。(形式的には、変形ドイツ装というものです)

実は社内直売商品ではなく、書店様独自出版物という位置付けで制作出版しています。このような出版方法も、虹色社ならではという感じです。

私も還暦を迎え、細かい字が見えづらくなってきました。本は好きで読んでいるのですが、文庫本の文字がものすごく読みにくい。こんなに見えなくなるなんて思いも寄りませんでした

そこで、既に文庫でしか見かけない近代日本文学の「でっかい文字版」

をつくり続けています。やはり硬い表紙は読みにくいので、ソフト装丁でめくりやすい紙。そして持ちやすい、適度なサイズの本を制作しています。読みやすさが好評です。

写真集タイプの本も虹色社オリジナル書籍として企画出版中です。「○○の地域に行くとこんな写真が撮れます」というまちの紹介を兼ねた企画は、いくつかの観光協会様にご協力いただいて、形になりました。観光客や地元の人たちから喜ばれ、おかげ様で定期的に売れ続けています。

あとは、『最大の素数』にあやかって、一見して無意味な文字が続くだけの本「絵画の道標《みちしるべ》」。この本は、フェルメールの名画「青いターバンの少女」を文字として記録してみたものです。絵を文字にするにはどうしたら良いかと考えた結果、デジタル表現を応用し画像全てを「点の集合体」としました。その1つの点ごとにRGBカラーコードを当てはめて、行と列ごとに文字記録したのです。

記録規則が書かれていますので、画像が再現できるという酔狂本。

こちらは、自信を持って出版しましたが……ただの1冊も売れませんでした。（やり過ぎたか）

こんな本も出しています

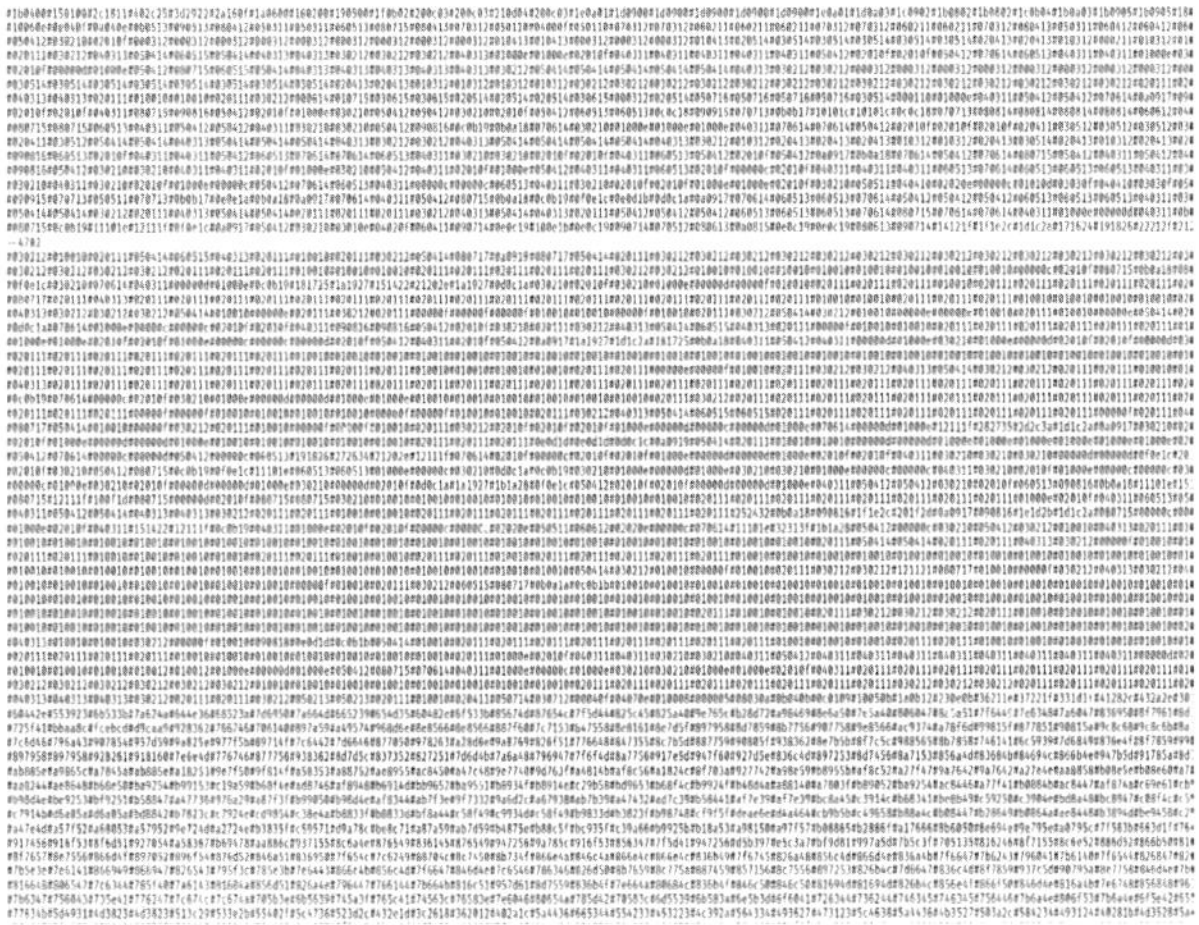

『絵画の道標』の中身はこんな感じ

都の西北、早稲田の……近く　――　店舗の今とこれから　――

早稲田大学南門から徒歩30秒以内の虹色社。学生街であり、出版、印刷関連の会社も多数ある地域です。

穴八幡神社をはじめ寺社も点在し、中小の庭園等桜の名所も。東京のど真ん中の新宿区にありながら、のんびりした雰囲気です。

虹色社には、学生さんはもちろんですが、大学教員の方、近隣住民の方々等さまざまなお客様が立ち寄られます。もともとが、ものづくり屋の私なので、無理難題にもできる限りなんでも対応させていただいております。

最近では、ビジネス系の分厚く重いマニュアル本を小分けに製本し直してほしいというご要望やら、ルーズリーフバインダー制作の会社を立ち上げるのでその製造方法でのご相談等々……。

開業して五年が経ち、「印刷などいろいろやってくれる変な店」としては認知されている様子で、目立つ印刷機のおかげか、「コピー屋」との小声もたまに耳にします。

ここまで本書で申し上げている通り、虹色社の目的はあくまで「本をつくる」というものなのですが、いまいちそのあたりは浸透していないような気が……。これは努力不足ですね。精進します。

もちろん設備はありますので、関連サービスである印刷や製本関連のものは喜んでお引き受けしています。デザインや写真撮影のご注文もとても嬉しいことです。

今後は業務の分散化を図り、さらに発展を目指していく方針です。

その一環で、「古書販売」を開始しました。独自ルートから新書・文庫を中心に仕入れ、一味違った古書コーナーとなっています。

また、事務所のリフォームを敢行しスペースが少し広くなりました。以前はちょっとしたトークイベントや、出版記念イベントの際にも場所をお借りして実施していましたが、今後は「各種ワークショップ」なども虹色社内で開催していこうと計画中です。こうした機会を設けて、実際に本をつくるところをお見せしたいとも思っています。

本をつくるのは、大変ですが本当に楽しい作業です。

その楽しさを、多くの方々に知っていただくための努力に加え、虹色社ならではの本づくりを今後とも行っていきたいと思っています。

電子出版が幅を利かせている昨今、「紙の本はもう終わった」という話をよく耳にしませんか？　しかし、本をつくる技術は日々進化し、実は可能性が広がっているのです。

日々早稲田のまちで、ジャンルを問わず「紙の本」のさらなる可能性を追求すること。それこそが虹色社の使命と感じている、今日この頃です。

あとがき

新しい虹をめぐる七章

落語家　林家彦三

新しい虹をめぐる七章

1

「早稲田松竹」は大学から近かったこともあって、『ゴダールの映画史』やテオ・アンゲロプロスの『旅芸人の記憶』を見て悄然としたり、ヤン・シュヴァンクマイエルとイジー・バルタの短編集を見て唖然としたり、思い出が多い。『残菊物語』『近松物語』という溝口作品の二本立ても、忘れられない。今敏監督のアニメ映画も、ここで見た。

わたしがこの名画座で『ニュー・シネマ・パラダイス』を見たのは、やはりそれも大学生の頃であった。全ての場面を印象深く覚えているのは、わたしが映画に関してでは細かい批評ができない、たいていのものは感涙と讃嘆の心持ちで映画館を出るという勘当息子ならぬ感動息子であるためだが（とはいっても、それから大学を途中で辞めてしまって実際にも勘当されて全国を遍歴することにはなるのだが）、ともかく、わたしが今このような書き出しを自らの記憶の中から回想して用意したのは、ジュゼッペ・トルナトーレ監督のこの名作映画の筋立てを借りながら、ある一人の人物について、ここでご紹介したいからである。

2

わたしがやまさんにはじめて会ったのは、そんなに前のことではない。しかし、会ってもうすぐに、やまさんと呼んでいた気がする。本名は、山口和男。東京生まれ。それからやまさんが早稲田に「虹色社」という印刷工房兼出版社を持っていることを知り、そこでは本の製作の全てができることを知り、やまさんはふだん別の仕事で忙しく、現在はその本づくりも休止中であることを知った。そしてその印刷所の場所が、わたしが学生時からお世話になっている元雀荘の喫茶店「早苗」の裏手であることを知り、社名の虹色は「にじいろ」ではなく、「なないろ」と読むことなどを知った。

それから——気がついたらわたしは、この印刷所で製本作業をしていたのであった。自らの本を。やまさんの教えを請いながら、自らの手で。

それもそのはずで、本というものに固執のある人間にとっては、実際に本ができるということは、あるいはその環境や工程は、これは様々な表現を物色した挙句にいうのであるが、やはり〈夢〉なのである。わたしは学生の頃、大正時代に憧れて文芸同人誌なるものをつくっていたが、早稲田通りの「平野書店」という古本屋で昔の同人誌をその時の同人と少ないお金を出し合って入手し、それを今はなき居酒屋「稲郷」の煤っぽい机の上に並べてみたりして、いよいよ自分たちもこれから、こういう手に触れるものをつくるのだと話し合ったりした時には、その本は復刻版ではあったが、その手触りに妙な昂ぶりを感じたのを覚えている。

やまさんから印刷工房のお話を伺った時にも、その時と同じような感興を覚えた。そしてわたしは長らく離れていた早稲田というまちが、それによってもう一度色づいたような気もしたのであった。いわばごく自然に、ふとしたご縁で、本好きのところへ本好きの人間が舞い込んだのである。

よって、ことは早かった。時系列を詳らかには語ることはしないが、ともかく、わたしは当時の文芸仲間数人をもう一度このまちに集めて、まずはその当時は足の踏み場もなかったような、倉庫と化した雑然とした印刷所の、いわゆるリフォームに取り掛かったのであった。

一日がかりであった。しかし、人間の協力というものはすばらしいもので、見た目には小綺麗な事務所らしくなった。それから看板を買い、チョークを買い、椅子を買い、林檎箱を買い、ある筋から古本を仕入れることもでき、いよいよ再稼働へ向けて動き始めることになったのが、令和三年の七月である。

3

わたしはたまに、甘え上手といわれることがある。自分ではそんなつもりはなく、かえって反対の人間だと思うのだが、振り返ってみると、わたしにはその拙くも短い過去の時代時代に、常に肉親以外の保護者の存在がある。大阪にいた頃には、ふと知り合った舞台演出家の持ち家を安く貸してもらって住んでいた。黒猫付きの、二軒長屋という物件である。京都にいた頃には、ある喫茶店で働きながら居候させてもらい、そこのマスターには随分お世話になった。こういう性分は、師匠があっての弟子という価値観の、落語家という今のわたしの生業にも繋がってきているようである。そしてまたやまさんこそ、その時のわたしにとっては、まさしく肉親以外の保護者であった。

わたしはそれからも多い日には週に五日も「虹色社」に行って、本の製本をしたり、お店番をしたり、何をするわけでもなくやまさんと会話をしたりと、そんな日々が続いた。帰りにはやまさんの軽トラの助手席に乗せてもらって、自宅近くまで送ってもらうことがお決まりであった。

そしてその道中でのやりとりは、まさしく印刷講義というべきものであった。やまさんは教授役となって、印刷というものに興味がありながらどうもまだ腑に落ちてはいないところがあるこの留年生徒に対して、実に様々なことを教えてくださった。そしてどのような質問に対しても、やまさんはその博識を引き出してすかさず答えてくれるのであった。凸版、凹版、平版、孔版の違い。オフセット、シルクスクリーン、ガリ版のこと。本の歴史や仕組み、また製本術について。わたしはこのやまさんの印刷講義を、内心、日々の愉しみにしていた。

もちろん話の内容はそういうものだけではなくて、むしろ洒落まじりの軽妙なものも多かった。しかしやまさんは多趣味かつ多才な方なので、その全ては、わたしにとっての人生経験のそのものであった。

そういう会話をしているなかで映画の話題になったある日、やまさんが自分の好きな映画として挙げた二本の作品が、クリストファー・ノーラン監督の『インターステラー』と、そして、『ニュー・シネマ・パラダイス』であったのである。

この二本の映画は〈なないろしゃのやまさん〉をご紹介、ご説明をさせていただくうえで、非常に好都合である。〈映画は人を表す〉なんて諺はないが、ドイツでは〈服は人を作る〉というようで、服というものをその人が身に着ける、あるいは身にまとう嗜好品だととらえれば、そういえなくないだろう。

つまりやまさんという人は、美大を出ていながら理系の頭脳の経験で、あらゆるガジェットに通暁し、休日には小型ドローンを飛ばしているという科学少年であり、本という今や昔の文化に魅せられ、映写機ならぬ印刷機を保有し、将来的には江戸時代の本屋を目指しているというロマンチストなのである。その二面性が、やまさんなのである。

この二本の映画について、わたしが『インターステラー』の方を見たのは、ごく最近のことである。それはわたしが夏の終わりにかの流行り病で倒れた時で、独身男なので一人ではどうしようもないこともあったのだが、その時に諸々助けてくれたのが、他でもない、やまさんであった。その恩義のようなものもあって、やまさんの好きな映画なので以前から見ようとはしていたこの映画を、自宅療養していたこの期間に微熱とともに鑑賞したのであった。

これは最大の賛辞なのだが、このSF映画は、ひどく良過ぎる映画であった。感動息子は、とにかく名作といわれるものには、弱い。意識は朦朧としていた日々であったが、それでもじゅうぶんに刺激的な作品であった。体調が戻ってすぐ、やまさんがどこにも行けなかったわたしを気遣って軽トラで羽田空港付近の公園まで連れていってくれた時、夜の只中に離着陸する巨大なガジェットを眺めながら、わたしはこの映画の感想をすぐにやまさんに報告した。それから『インセプション』などの同監督作品の話で盛り上がったことは、その時の夜景も相まって、記憶に新しい。

そしてもう一つの『ニュー・シネマ・パラダイス』については、前述した通り学生時に「早稲田松竹」で鑑賞し、そしてそれ以来、わたしも好きな映画の一つであった。誰かに好きな映画を訊かれて、その解答に如何によってはそれこそファッションにもなりかねないから緊張して慎重になってしまうことはよくあるが（わたしは本当は『モンパルナスの灯』と解答したいのであるが、何だかお洒落気取りと思われそうなのでことあるごとに遠慮してしまう）、しかしこの映画に限っては、定番ではあるもののそれでも好きと言いたい作品の一つである。

お互いが好きな作品だから、この映画については様々に談義した。わたしははじめやまさんの好きな映画としてこのタイトルが挙がったのは意外のような気がしたが、今では心底わかるような気がしている。映画のサウンドトラックを流しながら、二人で帰ったこともある。映画のような自転車の前輪ではなくて、いつもの軽トラの助手席に乗り込んで。

「早稲田松竹」の過去上映記録によると、わたしが見た『ニュー・シネマ・パラダイス』が上映された日付は、二〇一二年の九月である。その頃のわたしは、大学はほとんど休学状態で、おいおい中退しようという頃である。同時上映は第八十四回アカデミー作品賞受賞の『アーティスト』だったようだが、こちらの方はあまり覚えていない。二本立てはどうしても一方の作品がもう一方の作品をいわゆる食ってしまうということがあるが、そのためか、あるいは二本立てのために寝てしまったか、どちらかであると思う。（しかしこのオスカー賞映画も、そのあとで見直してやはり良い映画だと思った。感動息子を、なめてはいけない。感動息子は、常に感動している。）

『アーティスト』はサイレントの白黒映画という時代に反した手法で話題になったが、同趣向の映画として、わたしは『コーヒーをめぐる冒険』を、ここに挙げたい。こちらはサイレントではないが。全編モノクロの、わりと新しいドイツ映画である。

というのも、あえて白黒――というような手法は、表面上のもので、正直ただ懐古的なだけだと思っていたふしがわたしにはどうしてもあったのだが、このベルリンを舞台にしたただ一杯のコーヒーが飲めないというだけの映画を鑑賞してから、そういういわゆる〈味がでる〉というような効果とはまったく別のところに、表現のより本質的な部分に迫るものがあると、思い直したからである。少なくともこの映画においては、それは〈ただそういう趣向〉なのではなくて、〈そうでなくてはならない方法〉であったのである。

そして思えばやまさんの軽印刷による印刷術と倫理とは、まさしく手法としてのモノクロ映画というものにも近しい気がするのである。表向きには懐古的にも思える要素があるという点と、しかしまたそうでなくてはならない要素があるという点で。

4

そういえば、軽トラの助手席で受講していた印刷史講義の中で、やまさんが印刷物における色とインクの仕組みについて触れたことがあった。シアン（C）、マゼンタ（M）、イエロー（Y）。いわゆる色料の三原色と、キーブラック（K）。そして、素地の白。減色混合による表現法というやつである。

わたしにはこの印刷における色空間が、はじめは正直よく理解できなかった。もちろん色彩の神秘については、今も考えるほどによくわからない。やまさんの過去の作品には、フェルメールの「真珠の耳飾りの少女」における色彩情報を全て数値化して、その数字だけを並べて印刷したという奇書があるが（この本はたいへんに売れなかったそうである）、やはりその本を広げてみても、謎は増すばかりであった。畢竟、これはこの本そのものが謎に近いためであるが。（やまさんは、こういう実験も好きなのである。ちなみにその代表作の一つである『最大の素数』は、稀代の芸術作品である。）

印刷所の隅に頭文字付きの段ボール箱が積まれていて、それはCMYKのカラーモデルの各種インクであり、それが印刷所の大きなプリンターに挿入されて、その数値によってあらゆる色彩を生み出すという、そのくらいは理解できた。しかし問題は、そこから先の話である。そんなことを質問しているうちにやまさんがよく言っていたのは、印刷物における色彩表現のそれは、ジョルジュ・スーラに代表されるあの点描の技法にも近いものがあるということであった。——いわば、目の錯覚である。この説明は割とわかりやすく、経験と照らし合わせみても実感に近いものがあった。（以前、ケルンかデュッセルドルフの美術館でポール・シニャックの点描法による作品を見たことがある。その美術館にはモネの「水蓮」など他の印象派の作品も多くあったと思うが、そのシニャックの絵だけは振り返るたびに、記憶の中で別の現れ方をするのである。これはやまさんの話を聞いた影響もあるのだが、それが〈印刷されているという気がする〉といえば、本当に、そう感じるのである。）

しかし、カラー映画における光の色彩術は、また別の話である。ここまで来ると、とうとう文系のわたしには解釈しかねるところがある。『オズの魔法使』や『風と共に去りぬ』などがカラー映画の黎明期における代表作で、その成功例であり、評価も高く、日本においては少し遅れて、木下恵介監督の『カルメン故郷に帰る』がはじめての国産カラー映画であったということぐらいは知っているが、それ以上の映画史を遡るようなことはできない。

よってまた記憶を頼りにして話を進めるのであるが、というのも、わたしには映像に色がつくということについて、過去の暗闇の中に一つの鮮明な記憶の像があるのである。

学生の頃、大学内にある「坪内博士記念演劇博物館」で、幻燈をテーマとした展示があった。その図録を買っておかなかったことを後悔しているのは、幻燈こそ映画の前史であるというような説明があったのを覚えているためであるが、幸い、わたしにはそれ以上にありがたい経験がある。

この幻燈展の関連企画で、劇団みんわ座と落語の共演による江戸写し絵の復元上映会があった。場所は神楽坂の「赤城神社」であった。（わたくしごとだが、わたしはこの時に、弟子入りを志願したのである。この時の落語の演者が、今のわたしの師匠である。）

影絵人形の劇団みんわ座とは、入門してからも何度か同趣向の企画でご一緒することができた。もちろんわたしは修行の身であったが、それでもその幻燈という伝統技術を近くで見ていて感じたことの一つは、それらが動く絵であるという感動よりも、むしろ着彩されたものであるということへの感動であった。それはアニメーションとはまた違う、歴史の暗闇を縁取るような鮮明な色彩感であった。見世物の原初的な面妖を想像させるものであった。

幻燈が映画の前史だとするならば、大きい意味での映画史はどうやら一度色彩を失くしているらしい。調べるとその技法は映画の最初期からあるにはあったようだが、のちのちのその一般的な登場が映画史においてエポックメイキングな出来事であったのか、それほどのことでもなかったのか、それはやはりわたしにはわからない。(やまさんは書物を「エネルギーレス再生機能付き情報貯蔵庫」と名付けたが、それこそこんなことはこの書物という記憶型タイムトラベル装置を使って、当事者に聞いてみるほうがよさそうである。)

シネマトグラフでおなじみのリュミエール兄弟は、実用的なカラー写真の発明者でもあったそうである。わたしは写真史というものは大学で少しかじったが不勉強なので、自ら写真家でフィルムカメラにも詳しいやまさんの写真史補講をおいおい受けようと思う。あるいはこれを機にベンヤミンでもソンタグでもR・バルトでも、それなりの書物を紐解かないのも甚だ不精な話なのだが、そういうことはやはり相応しいお方に頼ることにして、ここでは記憶と色彩のおけるほんの感想に留めることにする。

もっとも、芸人名義でこんなことを書いても、読まれる方は困るようである。加えて今回のテーマはやまさんのご紹介なのだから、慎まないといけない。どうもわたしは自分が出過ぎる。自重した方が良い。心根が、フーテンなのだから。

5

そうして未だわたしは、印刷史の全容も、色彩の謎も、わたしという自信の立場についても、それら〈色々〉を深められないまま、たまに「虹色社」に出入りしている。はなしかである手前、今ではその内部には入らずにある程度距離を置きながら付き合っているのであるが、印刷所で作業を手伝うこともあるし、相変わらずやまさんの軽トラに乗って印刷史講義を受けることもある。

　それでも目の前で刷り上がり、綴じられていく本を前にしては、やはりまだまだ訝しさがある。そしてやまさんと出会ってから今日まで、様々な作業を通して実感したことの一つは、嬉しさも含める疲労感であった。〈夢〉をつくるということは、たいへんなことなのである。少なくとも、芸人が片手間でやるようなしろものではないのである。

　これまでやまさんに聞いた話は印刷史のことだけではなく、むしろ、その実際の苦労話の方が多い。一人で書物をつくるということについてはなかなか理解されないこともあったし、採算が取れないことも多々あったという。そもそも依頼が入っても、一人ではどうしても限度がある。個人による軽印刷というものづくりは、どうやら根気と我慢がないとできない仕事のようである。これまでのやまさんの苦労は、涙ぐましい。

　しかし「虹色社」は、それら人力の限界による炎上と停滞とを繰り返し、さて、このたび、頼れる数名の同胞を得て、ようやく新装開店したわけである。最小限のすべてを備えた、新しい印刷の館として。そこが楽園かはわからないが、少なくともそう思い込んだ一人の小童がその映写室ならぬ印刷室に入り込み、そして今早くも旅立とうとしているわけである。

もちろんこのわたしの〈つかず離れず〉の気まぐれは、例えるならば都電で早稲田から三ノ輪橋に行って戻ってくるくらいのかわいいものなのだが、以前ほど深くは関わらないにしても、それでも本に憑かれたはなしかはどうやら本業の隙を見ながらも、この印刷所にたまにふと舞い戻ってきてしまうらしい。——そしてかつての勘当息子は、各地を旅回りして、とうとう芸人になり果てても、やはりたびたびこのまちに帰ってきてしまうらしい。故郷に、帰るように。

そんなことをいうとまるで寅さん気取りだが、田舎生まれで、本売りの啖呵も切れないわたしには、その役は頼りない。またわたしには、労働者諸君！　と声を張り上げるような威勢もない（そもそもそれほど大きな印刷所ではない）。それでいて失恋ぐせどころか色っぽい道行きも何もないこの修行中の芸人には、やはり他の役回りがよさそうである。そうなると、保護者たるやまさんの存在とも合わせて考えなくてはならない。

　そんな話をすると、ふと、山田洋二監督の『虹をつかむ男』が思い出される。映画を愛する男、かっちゃん。その彼の映画館で働くことになる、一人の青年。あるいはわれわれ印刷バカ（失礼）は、ハマちゃんとスーさんという『釣りバカ日誌』のコンビだろうか。（ちなみにやまさんの趣味の一つは釣りである。いつか三浦半島に一緒に行くことになっている。）

　しかし振り返ると、やまさんとわたしの関係は、そのどちらともやや違うようである。わたしは雇われているわけでもなければ、二人は上司と部下というわけでもないのだから。

　この文章は冒頭でも告白した通りひそかにかの名作映画の筋を追っているわけであるが、ご覧のない方には、はてさて、何のことだろうと思われるようなことにもなりかねないので読み飛ばしていただくことにして、やはりやまさんは、一時期のわがアルフレードである。歴史と機械を娯楽とを回している、それは大きな人影である。わたしはその部屋に迷い込んだ、立場的にも人間的にもまだまだほんの子供の、未熟なトト＝サルヴァトーレである。二人を繋ぐものは、この印刷所と、この映画と、そしてこのまちである。

断裁機と製本機によって切り貼りされた一コマ一コマをわたしは少しずつ継ぎ接ぎしながら、印刷の知識と思い出と〈夢〉とを、いつかまた脳裏に上映できるように回想の支度をしておこうと思っている。

そんな表現するとやまさんとわたしとは随分長い仲だと思われるが、前述したように、やまさんと知り合ったのはそんなに前のことではない。裏返せば、そのくらい濃い時間だったのだろう。ただでさえ短い幼少期が、限られた映像の中に凝縮して過ぎていくように。

そして〈新しい虹色社〉も、いよいよはじまったばかりである。詳しくは聞いていないが、これからは自社本と大学街を生かした学生向けのサービスに専念していくようである。

やまさんがいつの日か、早稲田というまちにこの印刷所を根付かせていきたいとぼそっと言ったことを、わたしは覚えている。良い台詞だと思った。

6

名画座や幻燈とまではいかないが、手法としてのモノクロ映画にも近しいやり方で、懐かしくも前向きに、このまちで新しい虹をつかもうとしている、一人の男。わたしはそんなやまさんを、一人の男としても、尊敬している。

ある日、やまさんに向かって、虹色はドイツ語でRegenbogenfarben（レーゲンボーゲンファルベン）というのだが、字面も韻も面白いし、これを出版社の標語にしたらどうかと提案したら、何だかながったらしいなと一蹴された。その流れるような東京弁の口調が、憧れるほどよかった。性格も一本気で、気持ち良い。寅さんに近いのは、やまさんかもしれない。

やまさんが「虹色社」という社名を思いついたのは、お台場を歩いていた時であったという。港区の方を軽トラでドライブしていて、矩形のビルディングが区々と立ち並ぶその姿を見て、やまさんがしきりに綺麗だと洩らしていたのを覚えているが、この手づくり出版ともいうべき印刷工房の名称の由来にそれら現代的に屈折したスペクトルがあるということは、興味深い。あるいはここにもノーラン監督の描いたような近代都市や宇宙的な建造物を嗜好するやまさんの横顔が伺える。はじまりから単純な懐古主義ではないのである。その印刷の行方は、未来に向いている。やはりやまさんは、二面性の人だと思う。

印刷機という巨大な印刷史のトーテムを回しながら、常に〈夢〉と現実の関係性をはらんでいる印刷物を生み出す。やまさんは、〈本は生き物であり魔物である〉と言っているが、書物自体にも、どうやらそういう二面性があるらしい。静的でありながら、魔性を持つもの。まるで虹というものがかつては生き物や魔物であると信じられ、今でも見る人や立場によってある程度は共通の幻想を抱きながらも、千差万別にその捉え方を変えるように。本そのものにも、〈夢〉の領分は内包されているらしい。

映画史が出現し、サイレントからトーキーになり、カラー映画が登場していた時にも、その娯楽の氾濫と喧騒の中で、印刷師たちは印刷術という伝統奇術にこそある種の真価をきっと見出していたのだろう。その本流であり傍流の〈なないろしゃのやまさん〉は、わたしの目の前でも易々とその〈夢〉をつくってみせた。そんな魔法使いたるやまさんは、少なくともこのわたしにとっては印刷下町のメリエスである。（これは文飾ながらちょっと言い過ぎたかもしれない。メリヤスぐらいにしておけとでもいわれそうである。やまさんは、洒落も好きなのである。）

グーテンベルクを生んだ国の〈ながったらしい〉言語の響きはともかく、そういえば、シアンやマゼンタという言葉には、どこかイタリア風の響きがあるような気がする。調べてみるとイエローこそもとはゲルマン語のようだが、シアンは古代ギリシャ語から派生したもので、マゼンタはイタリアの地名が由来だそうである。（そうなるとまた『ニュー・シネマ・パラダイス』が想起される。暗闇から滲みだす、あのまちの明るみ。）

Regenbogenfarben――直訳すると、雨／弓なり／色。虹が見えるのはたいてい雨上がりである。虹の彼方に何があるのか。楽園か、苦労か、わからない。どちらにしても、新しい虹は今少しずつ見えてきたところである。未来は明るい。港まちのように。そう思いたい。

そしてかのイタリア映画の筋立ても、ここまできて、やはり否定しなければならない。なぜならば、やまさんはまだまだ現役で、この印刷の架け橋を繋ぐ旅路が終わる気配は、今のところまったくないからである。わたしもわたしで、まったくもう子供ではないのだ。短い過去を斜に構えて鑑賞するわけにはいかない。そんな人間の渋さは、毛頭ない。自らの〈本業〉と自らの持つ〈本の業〉を見つめて、関わり合いながら、もっともっと立派になって、そうして忘れられた頃に、いつかもう一度ここに帰ってこなければならない。やまさんから印刷史講義の単位を修得できるのは、その時である。

7

わたしは今、エンニオ・モリコーネ作曲の〈愛のテーマ〉を聞きながら、誰もいない「虹色社」で、一杯のコーヒーを飲んでいる。そして、この原稿を書いている。印刷機と、断裁機と、製本機に囲まれて。時刻は、昼下がり。

さて、ここまで、幾つもの映画とまちの記憶とを数珠繋ぎにしながらこの文章を書いてきたが、そろそろこの原稿も切り上げなければならない。わたしはこれから人影になって、冬のまちに繰り出そうと思っている。

高田馬場からここまで歩いてくる途中、カフェ「エスペラント」のミルクセーキを飲み、それから「早稲田松竹」の飾り窓の上映中作品をふと見たら、ロベール・ブレッソンとイングマール・ベルイマンの二本立てであった。あれを見に行こうと思う。ベルイマン監督の『冬の光』には、間に合いそうである。（どうしてまたミルクセーキなど飲んだのだろう。飲んだことはあるがその記憶がない飲み物だが、しかしまた飲んでみると、まさしく冬のはじまりに飲む飲み物だと思った。そういう味がした。あるいはこの原稿を書いていたからだろうか、今思うと発光さえしていたかのように記憶されている。その淡くほの明るい、黄色。幼稚でありながら成熟した色。これは数値化できない、冬の色である。）

映画館の前には、人だかりができていた。コートに身をうずめて、それぞれが思い思いに映画の説明書きを読んでいた。映画館前のカフェもこの時期にしては大入りで、老若男女、みな何やら忙しそうであった。中空をぼうっと眺めて一人煙草を吹かしている人もいた。どちらの風景も、いかにも暮れが近づいてきているという風情であった。年末の上映は、またお決まりの小津安作品だろうか。学生の頃は毎年来ていたが、久しぶりに行ってみようか。――そんなことを考えている。わたしはまだ、このまちにいる。

色彩に歴史があるならば、虹色は何だろう。その濫觴ともいうべきものだろうか。色という謎については未履修のわたしには、わからない。再履修しなければならない。

しかし一つ言えるならば、それはごく自然の着彩術ではないだろうか。季節が色づくように。まちと記憶が色づくように。

絵画史でも映画史でもない、長回しでもストップ・モーションでもない、点描にも近い印刷術という生業で遠目からこのまちに色をつけようとしている、出版工房がある。そして早稲田というこのまちは、新しく印字され続けることによっては、きっとまた違う記憶のされ方で色づいていくのではないだろうか。それが個人的なものであっても、集団的なものであっても。製本された一冊の本や文章の中で、完結するようなものであっても。

「虹色社」の大きな窓からは、柔らかくも冷たい冬の陽が差し込んでいる。わたしはコーヒーを飲み干す。先ほど、「キッチン南海」で定食を食べてきたばかりである。「南門通り商店街」の灯はこれからいよいよ橙色を深くして、夜に連れ学生街らしく閑散としてくることだろう。ちょうどその時、「大隈講堂」の鐘が鳴るだろう。そしてまた朝が来て、地下鉄早稲田駅方面から多くの学生がこのまちにやってくる。世相も少し落ち着いて、日に日に学生も戻ってきている。いつかまたこのまちも、新しくも懐かしく、戻ってくるだろう。

シチリアの海を回想するのは、まだ早い。早稲田の杜が三原色のインクで着色されて風とともに記憶に印刷されていくのは、これからである。

あとがき　--- 新しい虹をめぐる七章 ---

著者略歴

山口和男

1961 年生まれ
多摩美術大学絵画科油画専攻卒
印刷業界、デザイナー、出版会社等を経て
現在、出版工房「虹色社」代表

本作のご感想や執筆関連のお仕事のご依頼等は、
メールアドレス info@nanairosha.jp まで、
お待ちしております。

紙の本をつくる

2021 年 11 月 24 日　第 1 刷発行

著者・編集　山口和男
写真　なみ / 山口和男
執筆協力　熨斗克信
あとがき執筆　林家彦三
発行者　山口和男
発行所 / 印刷所 / 製本所　虹色社
〒 169-0071 東京都新宿区戸塚町 1-102-5 江原ビル 1 階
電話　03（6302）1240

ISBN 978-4-909045-41-6
定価はカバーに表記しています。
乱丁本、落丁本はお取り替えいたします。